# La Comunicación en las Relaciones

Cómo Crear y Mantener Vínculos con las Personas en el Amor, la Vida y el Trabajo

**CATALINA ZAPATA**

Además, la información de las páginas siguientes está destinada únicamente a fines informativos y, por lo tanto, debe considerarse universal. Como corresponde a su naturaleza, se presenta sin garantía sobre su validez prolongada o calidad provisional. Las marcas que se mencionan lo hacen sin consentimiento por escrito y de ninguna manera pueden considerarse una aprobación del titular de la marca.

# Índice

# Introducción

Hay pocas cosas más difíciles y frustrantes que las relaciones. Románticas o de otro tipo, navegar por los lazos interpersonales que componen nuestras redes sociales puede ser un proceso estresante y confuso. Las relaciones románticas, sin embargo, son especialmente difíciles. Cuando dos personas se comprometen a estar juntas, tienen que resolver cuestiones que podrían hacerlos querer simplemente rendirse. Lo que muchas personas no se dan cuenta es cuánto trabajo duro se requiere realmente para hacer que una relación tenga éxito y para permitir que ambas mitades del todo florezcan, tanto juntas como individualmente; para lograr todos sus sueños tanto de forma independiente como en equipo. Cuando dos personas están en una relación comprometida a largo plazo, ocurre una especie de simbiosis. Mientras que ambos individuos están claramente separados, también se unen y crean algo nuevo y único, algo mucho más grande que la suma de sus partes. Piense en una relación a largo plazo entre dos personas como un proyecto del que son co-creadores. Forman un vínculo increíblemente íntimo y llegan a conocerse tan profunda y exhaustivamente que nadie más los conoce mejor a ninguno de lo que se conocen ellos mismos. La razón por la que una relación es una empresa tan compleja y confusa es un resultado directo de este vínculo. Lo que le pase a un compañero afecta profundamente al otro, lo quiera o no. Todo lo que le sucede a cada uno de ellos se convierte en asunto directo y problema del otro. Para que ambas partes sean felices y cumplidas en estas circunstancias, se requiere una gran cantidad de comunicación y trabajo en equipo.

Ambas habilidades son difíciles de practicar incluso en el mejor de los momentos cuando todo va perfecto y color rosa, y la relación está yendo muy bien. Cuando los tiempos se ponen difíciles, sin embargo, nuestra capacidad para poner estas habilidades en práctica es realmente puesta a prueba. Hay una buena razón por la que entre el cuarenta y el cincuenta por ciento de los matrimonios terminan en divorcio. Nada dura en este mundo y hacer que una relación sea duradera es algo increíblemente difícil de hacer. Una vida es mucho tiempo, y es mucho tiempo para soportar todos los aspectos inevitablemente molestos y preocupantes del carácter de nuestra pareja, no importa cuánto los amemos. Las relaciones no suelen terminar debido a la falta de amor. Si el amor fuera todo lo que se necesita para hacer que las cosas funcionen, la tasa de divorcio sería mucho más baja de lo que es. Las relaciones pueden desmoronarse por cualquier número de razones, pero las causas casi siempre se derivan del mismo problema raíz: la falta de buena comunicación.

Cada relación enfrenta problemas, y cada pareja será puesta a prueba. Una buena y fuerte relación no se trata de ser perfecto o mantener un registro completamente limpio. Se trata de enfrentarte a todos los desafíos y superar todos los obstáculos a los que te enfrentas. Se trata de ser capaz de admitir cuando te equivocas y hacer un esfuerzo genuino para tratar de mejorar las cosas. Se trata de no rendirse, pase lo que pase, y cuidarse el uno al otro hasta el final. Una relación fuerte se basa en el trabajo en equipo, no en la competencia. Aborda los problemas con una mentalidad de '¿cómo manejamos esto juntos?' y luego busca soluciones, en lugar de culparse unos a otros y detenerse en los problemas mismos. No son ustedes contra ellos, son ustedes dos contra el problema, cada vez.

A muchas parejas les resulta muy difícil comunicarse adecuadamente entre sí. Luchan para encontrar las palabras correctas para decir o el estado de ánimo adecuado para conectar correctamente al mismo tiempo. Esta falta de comunicación lleva a discusiones y peleas que sólo empeoran el problema, permitiendo que las emociones se salgan de control y los sentimientos se lastimen. Es común que dos personas que se aman más que nada se queden despiertos por la noche llorando, uno en su cama y el otro en el sofá, cada uno deseando que su pareja pueda ver las cosas de la manera en que lo hacen. Muchas relaciones no se caracterizan por el apoyo mutuo, sino por peleas mezquinas y riñas triviales que parecen nunca terminar. Las parejas fallan al no escuchase entre sí ni abordar los problemas juntos, en su lugar prefieren centrarse en quién tiene la culpa o quién ha hecho algo para herir al otro. En lugar de mostrar amor y afecto el uno al otro, es más común una atmósfera de tensión y resentimiento. Todos estos problemas en última instancia se reducen a una falta de comunicación efectiva, tranquila, empática y amorosa.

Cuando una relación se basa en un vínculo mutuo de confianza y apertura que facilita este tipo de comunicación de vital importancia, es mucho más difícil que los problemas se arraiguen y crezcan de la misma manera que lo hacen en las relaciones que carecen de ella. La mayoría de los problemas que surgen a lo largo de una relación se pueden resolver sólo a través de sentarse y discutir los temas con calma desde ambos puntos de vista, no importa cuánto tiempo pueda tomar o cuántas veces se tenga que decir algo para hacer claro su punto de vista. La comunicación es una habilidad, y como cualquier habilidad, se necesita mucha práctica para ser buena en ella. No importan las dificultades a las que tú y tu pareja se enfrenten, ambos pueden aprender a comunicarse de una manera que le permita superarlas. Ya sea que sientas que no te están escuchando, o tu pareja piensa que no la entiendes, o simplemente quieres ser capaz de tener una conversación sobre tus problemas sin que desate una pelea o gritos, este libro contiene la información que necesitas para abrir nuevos caminos y llevar su relación entre sí al siguiente nivel.

Este libro te proporcionará las herramientas que necesitas para comenzar a comunicarte bien y mejorar tus relaciones en todos los aspectos de tu vida. Aunque se centra principalmente en las relaciones del tipo romántico, también analiza desenvolverse en más relaciones platónicas a profundidad, y muchas de las lecciones que se pueden aprender de las relaciones románticas se pueden aplicar en otras partes de su vida. Escribí este libro basada en las lecciones que he aprendido tras años de estudiar relaciones y ayudar a las parejas a cooperar. A lo largo de mi carrera como terapeuta familiar profesional, desde que empecé en 2004, he guiado a cientos de personas a salir de las dificultades que enfrentaron en sus vidas y relaciones.

Me encanta ayudar a las personas, y poder ayudar a otros a superar las situaciones difíciles que todos enfrentamos es una experiencia increíblemente satisfactoria para mí. Fue esta pasión y el impulso lo que inspiró a recoger mis pensamientos y lecciones en este libro como una manera de difundir el conocimiento que tengo para un público lo más amplio posible. Ofrecerá técnicas sencillas, prácticas y probadas para mejorar las relaciones (cualquier relación con cualquier persona en tu vida, no solo con tu pareja). Con el consejo que contiene este libro, aprenderás a pensar, hablar y actuar para reparar agujeros en tus relaciones y resolver o prevenir argumentos para que puedas proporcionar a tus seres queridos el apoyo que se merecen. Las cosas de las que hablaremos en el transcurso de los próximos capítulos revolucionarán la forma en la que tratas a las personas que más te importan en la vida, asegurando que esta sea tu guía integral para mejorar tus relaciones, mantener un vínculo amoroso y duradero con tu pareja, y prevenir problemas que puedan alejarte de las cosas que más te importan.

Las parejas que pueden comunicarse eficazmente son más propensas a tener una relación feliz, satisfactoria y duradera que las que no pueden. Comunicarse bien permite captar cuando algo está mal para que pueda arrancarlo de raíz antes de que tenga la oportunidad de crecer en un problema más grande y que llegue aún a más. Cuando puedes sentarte y hablar adecuadamente sobre los problemas que enfrenta con su pareja, con la libertad para que cada uno de ustedes sea escuchado y el tiempo y el espacio necesarios para hacer correctamente su caso, puedes resolver los problemas antes de que tengan la oportunidad de explotar y causar resentimientos profundos y cicatrices emocionales. Mis clientes, viejos y nuevos, me dicen regularmente que las cosas que les he enseñado les han ayudado a cambiar sus vidas y ponerse a sí mismos y a sus relaciones en el camino correcto. Si fueras a terapia de pareja conmigo, te estaría diciendo exactamente las mismas cosas que esbozo en este libro; superar los obstáculos a los que se enfrenta cualquier relación acerca de ser capaces de darse la oportunidad a cada uno de expresar cómo se siente acerca de cada aspecto de los problemas que enfrenta. Es sólo cuando adoptamos esta actitud de apertura, paciencia y comprensión que sentimos que podemos ser escuchados, iluminados en cuanto a cómo se siente nuestra pareja, y capaces de poner problemas en el pasado mientras aprendemos de nuestros errores y seguimos adelante juntos.

No importa cuánto ames a tu pareja, no puedes leer su mente. Tienes que darles la oportunidad de decirte cómo se sienten realmente, y necesitas ser capaz de aceptar lo que digan, independientemente de tus propios sentimientos al respecto. Sus sentimientos importan, y si no puedes o no validas la forma en que sienten, sólo crecerán resentidos a largo plazo. Este libro es una promesa; es una promesa para ti que tienes lo que se necesita para arreglar tu relación. Con la ayuda de este libro, *verás* una diferencia tangible en la forma en que tú y tu pareja trabajan juntos. *Aprenderás* a hacer tu relación feliz, duradera y amorosa, y te *convertirás* en una persona más sabia y emocionalmente inteligente. Sin aprender las lecciones que contiene este libro, ¿cómo podría resultar tu relación a largo plazo? ¿Cuánto tiempo crees que puedes hacer que las cosas duren si no entiendes y aprecias completamente los cimientos necesarios para entrar realmente en las trincheras y hacer el trabajo pesado? ¿Serás capaz de encontrar soluciones sobre los problemas y seguir adelante sin problemas medio resueltos volviendo a atormentarte en el futuro? Cada segundo que retrasas es un segundo del tiempo que tienes con tu pareja que se aleja, frustrado y confundido cuando podría y debería ser tranquilo y amoroso. No esperes. ¡Cambia tu relación ahora! Cambia tu vida, cambia tu felicidad y adquiere las habilidades que necesitas para que tu relación dure y crea una vida de recuerdos felices y satisfactorios que puedes compartir con las personas más cercanas a ti.

# Capítulo Uno:
## Comunicación positiva

En este capítulo aprenderás cómo comunicarte de manera positiva y productiva. Antes de poder ir a las mejores formas de comunicarte, es importante comprender la brecha en procesar y entender la comunicación que existe entre hombres y mujeres.

### Diferencias entre la comunicación femenina y masculina

La comunicación es un concepto muy relativo. Todos nos comunicamos de manera ligeramente diferente, a nuestras maneras individuales, al igual que las huellas dactilares de todos parecen similares de un vistazo, pero cada persona es única. Además de esto, también podemos identificar diferentes tendencias en la forma en que los hombres y las mujeres se comunican. Los hombres tienden a depender más de la lógica y el razonamiento para comunicarse y relacionarse. Ven las cosas más mecánicamente, con énfasis en resolver problemas y querer arreglar las cosas. Cuando se encuentran con una situación que necesitan superar, los hombres son más propensos a querer desglosarlo y averiguar cómo resolver cualquier problema con el fin de abordar el problema tal como es y luego seguir adelante. Las mujeres, sin embargo, tienden a estar más centradas emocionalmente. Es más probable que utilicen ejemplos relacionales para comunicar sus pensamientos y confiar en hablar de sus problemas con el fin de averiguar cómo se sienten y luego trabajar y solucionar sus problemas por sí mismas y en su propio tiempo, en lugar de forzar una solución de inmediato. Las mujeres, por lo tanto, sienten el deseo de ser escuchadas y validadas por sus parejas, mientras que los hombres a menudo sienten que discutir el lado emocional de las cosas es innecesario siempre y cuando resuelvan el problema de raíz.

Esta diferencia en la comunicación puede conducir a una gran dificultad cuando surgen problemas en las relaciones. Las mujeres a menudo se sienten frustradas por el enfoque de su pareja en resolver el problema y barrer todo lo demás bajo la alfombra cuando todo lo que quieren es sentirse escuchadas, comprendidas y amadas. Los hombres están mejor siendo pacientes y escuchando atentamente a sus parejas femeninas mientras describen cómo y por qué una determinada situación o secuencia de eventos les ha hecho sentir de cierta manera, dándoles tiempo para explicar exactamente cómo se sienten. Otro punto que quiero dejar claro aquí es que las mujeres a menudo no dejan esto claro a sus parejas masculinas: van a hablar de cómo se sienten y usan ejemplos, luego esperan que su pareja lea entre líneas y entienda lo que están sintiendo en lugar de claramente informar que simplemente necesitan ser escuchadas y comprendidas, independientemente de si el problema está resuelto o no.

Cuando los hombres y las mujeres no hablan el idioma del otro, ninguna de las dos partes está recibiendo lo que necesitan. Esto lleva a una gran cantidad de problemas totalmente innecesarios; confusión, la frustración que a su vez conduce a la molestia y la ira, la amargura, el resentimiento, y a menudo, el drama. Una vez que los malos sentimientos están involucrados y se encuentran listos para pelear, las situaciones pueden salirse rápidamente de las manos sin razón. Todo lo que se necesitaba era un entendimiento mutuo de que los hombres y las mujeres tienden a procesar situaciones y comunicarse de diferentes maneras. Cuando una pareja tiene ese entendimiento, es mucho más fácil evitar que los problemas se sobrecalienten.

Otro problema que las diferencias biológicas en la comunicación pueden generar es las diferentes suposiciones y expectativas sobre cómo debe ocurrir un evento o interacción. Las mujeres y los hombres tienden a tener diferentes necesidades y prioridades, así como diferentes interpretaciones de la misma experiencia. Esto puede llevar a una mala comunicación donde una persona espera una cosa, pero la otra tiene un conjunto completamente diferente de suposiciones, a pesar de que ambos han tenido la misma experiencia. Hombres y mujeres tienden a interpretar las mismas cosas de diferentes maneras, debido a nuestros diferentes maquillajes biológicos. Como resultado de millones de años de evolución de los homínidos, los hombres están conectados para ser solucionadores de problemas. Para el hombre típico, la comunicación sirve un par de propósitos claros. O bien hay una declaración que necesita ser hecha o un problema que necesita ser resuelto. Las mujeres, sin embargo, suelen tener una visión menos limitada de la comunicación. Para ellas, hablar no es sólo un medio para un fin, sino un fin en sí mismo. Las mujeres tienden a querer hablar sobre sus problemas porque es una manera de averiguar cómo se sienten y ordenar sus pensamientos. Ellas no necesariamente esperan o quieren que la persona con la que hablan resuelva las cosas; sólo quieren sacarlo de adentro. De hecho, hablar de cosas a menudo puede hacer que las mujeres sientan que se ha ido disminuyendo una carga. Las mujeres se comunican para fortalecer su vínculo con su pareja y promover la intimidad y la cercanía. Al compartir sus pensamientos, liberan sus sentimientos negativos. Para ellas, la comunicación con su pareja se trata de tener un ámbito de apoyo y sin prejuicios en el que puedan expresarse abiertamente.

Esta simple diferencia en la forma en que la comunicación tiende a ser percibida entre los sexos puede conducir a toda una serie de pequeños problemas e irritaciones en una relación, los cuales se suman y pueden crecer en algo mucho más grande si no se rectifica o se mantiene bajo control. Un buen ejemplo de esto es cuando una esposa estresada llama a su esposo y le dice que ella está teniendo un mal día en el trabajo y luego se enoja cuando más tarde esa noche ni siquiera le pregunta al respecto. Para la mujer, mencionar su mal día por teléfono a su marido antes era una pista o un mensaje para que él le preguntara al respecto más tarde. Pensó que al insinuar sobre su mal día, su marido naturalmente le preguntaría al respecto, porque él es su marido y él la ama y se preocupa por ella, así que sabe que ella querría abrirse y contarle todo sobre ello. Sin embargo, en la mente del marido, las cosas se ven muy diferentes. No es que le haya pasado de largo el hecho de que su esposa mencionó que tuvo un mal día, sino que él tiene un enfoque diferente para lidiar con los problemas que enfrenta y asume que lo que parece funcionar para él funcionará para su esposa. Toma el comentario de su esposa a valor nominal, como una declaración de que ella ha tenido un mal día, sin darse cuenta de que ella quiere hablar de ello. Mientras que las mujeres tienden a querer hablar de sus problemas para trabajar a través de ellos, los hombres son mucho más propensos a simplemente querer olvidarse de ellos y seguir adelante si no hay nada más que puedan hacer. Por lo tanto, el marido había asumido que su esposa preferiría no revivir su mal día con él trayendo todo de nuevo y hablando de ello, por lo que en su lugar trabaja para distraerla y consolarla en lugar de darle lo que necesita.

Esta tendencia a distraerse y tratar de olvidarse de los problemas es un problema real para algunos hombres. Es común para ellos auto medicarse con alcohol y otras drogas, tanto legales como ilegales. Si bien las mujeres tampoco son inmunes a esto, es especialmente común con los hombres, que no están acostumbrados a aceptar o lidiar con sus emociones por miedo a ser estigmatizados y marginados o etiquetados como débiles. Muchos hombres no tienen a nadie con quien hablar sobre sus sentimientos difíciles y a menudo contradictorios, que pueden hacer que sus vidas sean increíblemente solitarias incluso cuando están rodeados de amigos y familiares. Las mujeres deben tratar de estar allí para sus maridos y novios, con el fin de darles una salida para sus emociones y ayudarles a procesarlos y entenderlos. Sin embargo, tenga en cuenta que intentar consolar a los hombres cuando se sienten molestos y heridos puede fácilmente ser contraproducente y hacer que se retiren aún más; a veces preferían olvidarse de sus problemas que enfrentarlos. La persuasión de su pareja para abordar estos problemas puede provocar una reacción defensiva en los hombres. Hasta que un hombre esté listo para lidiar con cualquier problema que esté enfrentando, las preguntas y el aliento pueden hacer más daño que bien. Es una buena idea que las mujeres le recuerden a sus parejas masculinas que están ahí para ellos cuando quieran o necesiten hablar, y luego les permitan que vengan a ellas en su propio tiempo cuando estén listos.

Por lo general, los hombres guardan sus problemas para sí mismos y no ven la necesidad de abrirse o compartir, mientras que las mujeres son más propensas a hablar con otras mujeres cuando tienen un problema con el que necesitan lidiar o necesitan tomar una decisión. Esto se debe a que, en general, los hombres se relacionan con otros hombres basados en la dinámica de poder y el estatus de dominio entre ellos, mientras que las mujeres tienden a estar más orientadas a las relaciones y buscan conexiones y formas de relacionarse entre sí a través de un terreno común y una experiencia compartida. Las mujeres se centran en construir una relación entre sí haciendo preguntas, mientras que los hombres generalmente prefieren dar información en lugar de hacer preguntas. En cambio, comparten experiencias como una forma de competir, lo que a menudo conduce a casos de imposición. Sin embargo, los hombres pueden tener un desacuerdo serio e incluso llegar a pelear por él y luego seguir adelante y olvidarse de todo, mientras que las mujeres a menudo están más comprometidas emocionalmente con una sensación de estar bien o mal y pueden guardar rencor por mucho más tiempo. Las mujeres construyen relaciones para hacer las cosas, mientras que los hombres construyen relaciones trabajando juntos para hacer las cosas. Hacer que la comunicación funcione en una pareja masculina y femenina implica no criticar la forma en que el otro sexo se comunica, sino más bien aprender a adaptarse y trabajar juntos a pesar de las diferencias naturales que compartimos.

Cuando los hombres están molestos, tienden a mantener sus pensamientos para sí mismos en lugar de buscar confidentes. Esto puede deberse a que luchan por comunicar sus problemas, ya que no los han verbalizado ni siquiera para sí mismos. También se les enseña desde una edad temprana a embotellar sus emociones y tragar sus sentimientos en lugar de expresarse. Se les dice consistente y frecuentemente que el llanto es para las mujeres que en su lugar deben "ser hombres" y simplemente lidiar con los problemas que enfrentan solos. Expresar emociones o llorar es ampliamente visto como un signo de debilidad por una gran parte de los hombres. Las mujeres, sin embargo, no tienen tales restricciones sociales sobre ellas y están mucho más acostumbradas a expresarse y derramar lágrimas sin avergonzarse.

La naturaleza de los hombres por resolver problemas comúnmente resulta frustrante y molesto para sus parejas femeninas, incluso cuando se toman el tiempo para escuchar lo que su pareja está diciendo. Tienden a estar buscando resolver problemas de forma natural, sin siquiera pensar en ello. Escuchar pacientemente es difícil para los hombres porque tienen que luchar contra la necesidad de interrumpir y resolver problemas. Cuando ven la oportunidad de dar consejos o ayuda o ven que lo que piensan es una solución al problema, a menudo interrumpen la conversación para ofrecer sus pensamientos y tratar de "arreglar" cualquier problema que su pareja tenga. El inconveniente con esto, por supuesto, es que con frecuencia su pareja no está buscando resolver su problema. En toda semejanza, no hay realmente un problema, y ya saben qué curso de acción van a tomar en respuesta a algo. No están buscando una solución, están tratando de desahogarse. Quieren hablar sólo para ser escuchadas y entendidas, algo que es un concepto de otro mundo para muchos hombres. Recibir consejos no solicitados (y a menudo mal informados) de novios y esposos que interrumpen es una ocurrencia frustrante común para las mujeres, a menudo conduce a la ira y el resentimiento. Es más molesto por el hecho de que si sólo esperaban para escuchar a sus compañeras, los hombres se darían cuenta de que en realidad no necesitan una solución, de todos modos; en cambio, tienden a saltar en la primera oportunidad tan pronto como piensan que podrían tener una solución, incluso una fracción de una buena idea para ayudar a sus parejas. Sus intenciones son buenas, pero desafortunadamente no son lo esperado.

Cuando te enfrentas a malentendidos como resultado de una mala comunicación en tu relación, es una buena idea ser lo más explícito y claro posible en el futuro para evitar cometer los mismos errores de nuevo. Una gran frase para los hombres que parecen equivocarse siempre es preguntar '¿Quieres mi opinión, o quieres que te escuche?'. Esto puede parecer descortés, pero si evita que no puedan satisfacer las necesidades de su pareja correctamente, es una herramienta eficaz y útil. Esta contundencia es la clave para cortar cualquier evasión de conflicto o evitar ofensas que puedan estar ocurriendo en su relación. Las mujeres deben decirles a los hombres exactamente lo que necesitan para sentirse comprendidas y amadas. Los hombres necesitan instrucciones explícitas y claras a las que apegarse y trabajar para perfeccionar. Los pasos lógicos que se les establezcan de una manera fácilmente comprensible les ayudarán a aprender lo que su pareja necesita. Dejarlos resolver las cosas por sí mismos a través de sutiles consejos sólo hará esto más difícil y desperdiciará el tiempo y la energía de ambos, sintiéndose molestos y frustrados por la relación. Es injusto esperar que los hombres solucionen estas cosas cuando por lo general carecen del conocimiento emocional necesario para hacerlo; ambas mitades de la pareja deben tener claro lo que quieren y necesitan uno del otro para que la mayoría de los malentendidos y sentimientos heridos puedan ser totalmente evitados.

Como resultado de las diferencias entre la comunicación masculina y femenina, algunas mujeres se quedan sintiendo que sus maridos o novios no se preocupan por ellas porque no pueden leerlas intuitivamente tan bien como les gustaría. Sienten que sus sentimientos han sido ignorados o invalidados, y sus necesidades no se resuelven. Si bien esto es un problema, no es necesariamente cierto que sea porque sus parejas no se preocupan por ellas. Los hombres tienden a ser menos inteligentes emocionalmente que las mujeres. Los hombres necesitan impulso a veces. No siempre se dan cuenta de las cosas. Eso no significa que no estén enamorados o comprometidos con la relación. En general, los hombres quieren hacer felices a sus parejas. Quieren ser buenos y exitosos esposos y novios, simplemente no siempre entienden cómo hacer esto hasta que se los muestran.

Las mujeres que se basan en las suposiciones de que sus consejos serán reconocidos y comprendidos no sólo no avanzarán a ninguna parte, sino que harán las cosas mucho más difíciles para sus parejas. Cuando las mujeres se sienten molestas por la ineptitud de sus hombres por satisfacer sus necesidades, el resultado final es que sus parejas masculinas se sienten rechazadas. Se sienten como si fueran la razón por la que algo salió mal como si no puedan cumplir o satisfacer adecuadamente a sus mujeres. Se sienten emasculados, inadecuados y heridos, todo esto a menudo se manifiesta en forma de ira. Cuando una mujer hace que su hombre sea consciente de su necesidad de ser escuchada y comprendida, toda la dinámica de la relación puede cambiar, porque el hombre lo ha recibido para él y sabe lo que tiene que hacer para que su mujer se sienta amada y apreciada. No hay necesidad de daño, ira o peleas si ambos compañeros pueden decir claramente lo que quieren y necesitan. Si un hombre puede manejar su respuesta, escuchar y hacer preguntas compasivas mientras una mujer explora sus pensamientos, los conflictos desaparecerán rápidamente. De la misma manera, si una mujer puede aprender a entender que su pareja masculina no está tratando de ser insensible o hiriente, sino que simplemente necesita ayuda para satisfacer sus necesidades, las cosas se pueden concluir de una manera positiva y respetuosa, acercando a ambas personas.

Otro factor que juega en esto es la forma en que los problemas se surgen en una relación. La forma en la que expones los problemas determina el nivel de cooperación y comprensión que recibirás de tu pareja. La redacción, el tono de voz y el contexto son parte de cómo algo que dices es interpretado por otra persona, y este efecto se agrava cuando las cosas que estás exponiendo pueden provocar una reacción defensiva en la persona con la que estás hablando. Si tu pareja siente que está siendo criticada, va a ser sensible a lo que dices, incluso si eliges tus palabras cuidadosamente y hablas tan suave y amablemente como sea posible. Sin embargo, cuando la gente presenta los problemas de manera negativa, con palabras mal elegidas o un tono de voz hostil, como decir '¿te olvidaste de preguntarme sobre mi día?', las posibilidades de que provoquen una reacción defensiva de su pareja son mucho más altas. Por lo tanto, es de vital importancia que cuando planteas cualquier problema que puedas tener con el comportamiento o la actitud de tu pareja trates de ser lo más sensible y cuidadoso posible, con el fin de tratar de evitar que tus palabras tengan una connotación negativa. Si no lo haces, todo lo que estás haciendo es decirles que son malos como pareja y que te están haciendo infeliz, lo que probablemente solo te llevará a problemas que se descontrolan.

Es extremadamente común que los hombres sientan que están siendo probados por sus esposas o novias para ver si se dan cuenta de pistas, lo cual es algo frustrante para ellos experimentar. Los hombres tienden a ser relativamente sencillos; no aprecian o no tienen mucho tiempo para juegos mentales. Preferirían mucho que sus otros significativos fueran claros sobre sus intenciones y lo que quieren decir, en lugar de expresar algo diferente a cómo realmente se sienten y depender de pistas y suposiciones para llegar a su punto de vista.

El hecho de que la biología evolutiva influya en cómo pensamos, cómo actuamos y cómo tratamos a los demás significa que nuestra capacidad de tener una perspectiva civilizada y medida está constantemente en lucha con nuestra naturaleza y nuestros impulsos e instintos primitivos y biológicos. Aprender a comunicarse bien con tu pareja significa ser capaz de tener en cuenta estos factores evolutivos al considerar cualquier inconveniente, problema o circunstancia que pueda ocurrir tras bambalinas, y que están frecuentemente activos. Por ejemplo, muchos hombres son extremadamente renuentes a pedir ayuda, porque su ego les dice que deben ser totalmente autosuficientes y ser capaces de manejar todo por sí mismos. No quieren ser vistos como inferiores o menos capaces en algún sentido, tanto por otros hombres como por mujeres. Son menos propensos a pedir ayuda cuando se encuentran en presencia de mujeres. Las mujeres, sin embargo, suelen pedir ayuda rápidamente cuando están luchando con algo porque no se sienten tan presionadas para aparentar ser capaces e independientes. Las mujeres buscarán consejo simplemente por tomar la oportunidad de mejorar la situación a la mano, independientemente de sí las ayuda o no a lograr su objetivo. Cuando una mujer se acerca a un hombre (especialmente en el ambiente laboral), el hombre probablemente asume de inmediato que la mujer necesita su ayuda. Son relativamente felices de ayudar porque es una oportunidad de demostrar su capacidad y proeza hacía una mujer. Sin embargo puede que no sean particularmente pacientes, debido a que tienden a ver esto como un favor del que pueden tomar ventaja en el futuro, en lugar de verlo sólo como una oportunidad de ayudar a otra persona.

Además, a los hombres les gusta afirmarse cuando hablan con las mujeres para demostrar que están seguras de sí mismas y que saben lo que están haciendo, misma razón por la que pueden ser tan reacios a pedir ayuda. No les gusta que los consideren débiles. También pueden ser más propensos a descartar las opiniones de una mujer sin otra razón que el hecho de que provienen de una mujer, especialmente si es en un tema que sienten que las mujeres no deben o no podrían saber mucho. Algunos hombres también encuentran difícil mantener conversaciones que tienen puntos largos, especialmente cuando no es algo de lo que quieren estar hablando en primer lugar. Esta es la razón por la que cuando se envían textos largos, a menudo responden a los últimos dos puntos mencionados, en lugar de todo el texto.

**Consejo Rápido**: Estas diferencias de comunicación basadas en el sexo son tendencias identificables en amplias poblaciones de personas en todo el mundo y son de origen biológico. Sin embargo, esto no significa que siempre sean precisos. Muchos hombres son muy inteligentes emocionalmente e innatamente entienden que las mujeres necesitan hablar para expresarse. También he conocido a muchas mujeres que preferirían resolver problemas en lugar de hablar de la forma en que se sienten en absoluto. Siempre habrá diferencias individuales, y abordo estas diferencias biológicas sólo para resaltar las amplias divisiones en la forma en que los hombres y las mujeres procesan y entienden la comunicación.

## Los Secretos de la Comunicación Positiva

La comunicación es una forma de arte, y debe ser practicada para ser eficaz. Para que la comunicación tenga lugar, debe haber al menos dos partes entre las que se pueda transferir un mensaje: el emisor y el receptor. El ruido puede obstaculizar este proceso (tanto el ruido físico, como otras personas hablando o la música que se reproduce en segundo plano, como el ruido mental, pensamientos y sentimientos en la mente del receptor que impiden que el mensaje se entregue claramente y se entienda por completo) lo que puede provocar que el receptor reciba un mensaje muy diferente al que el emisor ha intentado comunicar. Por lo tanto, el objetivo de la comunicación positiva es que un mensaje se transmita claramente y con el menor malentendido posible por parte del público que lo recibe. Comunicarse positivamente consiste en asegurar que se cumpla este objetivo y que ambas partes comprendan la intención detrás del mensaje, así como el mensaje en sí.

Aquí hay cinco secretos de la comunicación positiva que te ayudarán a convertirte en un maestro comunicador:

1. **Expresar para ser entendido**: Cuando seas la persona que habla, ten en cuenta que tu objetivo no es persuadir o convencer a nadie ni cambiar su opinión. Tu objetivo es ser entendido, ante todo, así que habla de una manera que logres este objetivo antes de preocuparte por cualquier otro propósito en tu comunicación.

2. **Trata de entender, en lugar de estar de acuerdo**: Cuando eres el receptor, también tienes una meta. Tu objetivo debe ser entender lo que el emisor está tratando de comunicar, en lugar de tratar

de estar de acuerdo con lo que están diciendo.

3. **Utilizar el idioma entendido por el receptor**: Habla de una manera que se adapte a tu audiencia. Si estás hablando con un niño, debes usar palabras que reflejen su nivel de lectura y comprensión y puedan ser entendidas a fondo por ellos. Del mismo modo, si estás hablando con alguien que es un experto en el campo que estás discutiendo, usa una forma más específica de lenguaje con palabras especializadas para que tu punto sea más claro.

4. **Mantener enfocada la tarea**: Sea cual sea tu papel en el proceso de comunicación en un momento dado, debes apuntar a lograr los objetivos de ese papel tan bien como sea posible. Esto significa mantenerse enfocado y estar atento totalmente en el momento presente, prestando atención a lo que

está sucediendo. Si eres el emisor, mantente enfocado en tu audiencia, cómo se siente y si entienden o no lo que estás diciendo. Si dudas de que han entendido completamente lo que quieres decir, entonces repite y trata de explicar tu punto con diferentes palabras. Si eres el receptor, también deberás prestar atención a lo que el emisor está diciendo. Reitera hacía el emisor lo que has entendido de lo que está diciendo para comprobar que has captado la verdadera esencia del significado de lo que intentan transmitir.

5. **Mantener un contacto adecuado durante toda la comunicación**: Mantener a ambas partes centradas en el acto de comunicación significa mantener un nivel adecuado de contacto personal que las ancla a ambas en el propio acto. Esto se puede lograr a través del buen contacto visual, expresiones faciales, y el lenguaje corporal afirmativo y

vocalizaciones de ambas personas para indicar que entienden lo que el otro está diciendo. Sonreír puede ayudar mucho en este sentido, al igual que ser positivo y decir "sí".

**Consejo rápido**: Puedes usar estos secretos de comunicación para asegurarte de que te expresas bien y escuchas atentamente a tu pareja con el fin de practicar la comunicación positiva dentro de tu relación, así como asegurarte de que te estás comunicando eficazmente con otras personas en tu vida.

## Lenguaje Corporal

Aunque históricamente hemos usado el lenguaje hablado para hacer la mayor parte de nuestra comunicación, una gran parte de la expresión es en realidad no verbal; de hecho, nuestro lenguaje corporal puede decir más acerca de nuestros verdaderos pensamientos, sentimientos e intenciones que las palabras que usamos o la forma en que hablamos. Esta es la razón por la que entender nuestro lenguaje corporal puede ayudarnos a entender mejor a los demás y forjar conexiones más profundas con nuestros socios. Cuando entiendas mejor el lenguaje corporal, serás más capaz de expresarte y evitar la comunicación deficiente, algo que puede ser extremadamente costoso; puede empeorar tus relaciones con los demás o con tu pareja y evitar que alcances tus metas.

Cuando estamos hablando con alguien cara a cara, en realidad tenemos tres voces de comunicación que transmiten mensajes a nuestra audiencia. Estos son:

1. **Las palabras que decimos**
2. **El tono de nuestra voz**
3. **El lenguaje corporal: nuestros gestos, expresiones faciales y contacto visual.**

Aunque podrías pensar que la parte más importante de tu comunicación cuando estás hablando con alguien son las palabras que usas, no es el caso. En realidad, el contexto de lo que estamos diciendo está fuertemente influenciado por nuestro lenguaje corporal y tono de voz, y aquí es donde se encuentra el verdadero significado. Estamos conectados a leer y entender instintivamente el lenguaje corporal, a pesar de que rara vez notamos que lo estamos haciendo. Es más, si las palabras que una persona dice no coinciden con su tono de voz o su lenguaje corporal, hacemos caso omiso de lo que dicen y confiamos en lo que su cuerpo nos está diciendo. Cuando una persona está enviando mensajes mixtos con sus voces de comunicación, la gente presta atención a las palabras que se dicen sólo una fracción del tiempo. Cuando las palabras de alguien están en desacuerdo con sus acciones, nuestro instinto es ir con lo que su cuerpo nos está diciendo. El lenguaje corporal es un proceso en gran medida automático. Cuando le prestamos atención, podemos controlarlo a través de un esfuerzo consciente, pero tan pronto como lo olvidemos, vuelve a un proceso automático. Esto significa que a menudo cuando estamos tratando de mentir o disimular nuestros verdaderos sentimientos, nuestro lenguaje corporal nos traicionará y dará a la otra persona la clara impresión de que estamos reteniendo algo.

Curiosamente, el lenguaje corporal también varía entre hombres y mujeres, al igual que otras formas de comunicación. Los hombres generalmente no dan muchas expresiones faciales en sus conversaciones diarias y son más propensos a evitar el contacto visual y doblar los brazos con el fin de mantener una postura defensiva al hablar. Asentirán con la cabeza para mostrar su acuerdo con algo que se ha dicho. Las mujeres, por otro lado, son más propensas a mantener contacto visual durante las conversaciones cara a cara. Tienden a estar más cómodas con la proximidad física y sonreirán y reirán más que los hombres, además de usar sus manos para expresarse. A diferencia de los hombres, las mujeres asienten con la cabeza para demostrar que están escuchando y entienden lo que se les está comunicando, no es que necesariamente estén de acuerdo con ello. Es probable que estas discrepancias se deban a las diferentes presiones evolutivas que hombres y mujeres han enfrentado a lo largo de la historia. Los hombres son mucho más propensos a estar involucrados en una lucha violenta entre sí que las mujeres, por lo que tienden a ser menos abiertos y más naturalmente defensivos, especialmente cuando están hablando con otros hombres que no conocen bien. El contacto visual entre los hombres también es más probable que se tome como un gesto agresivo que entre mujeres o entre hombres y mujeres.

**Lenguaje Corporal Positivo**

Cuando estás aprendiendo a comunicarte positivamente, es importante tener en cuenta el papel altamente influyente del lenguaje corporal. Observa cómo si le das a alguien un cumplido, es probable que extienda su brazo lejos de su cuerpo y hacia ti, como si estuvieran tratando simbólicamente de alejarlo. Esta acción subconsciente se deriva de la expectativa de que nuestra sociedad ha programado en nosotros que no debemos aceptar cumplidos fácilmente para parecer modestos y evitar ser arrogantes. Por lo tanto, la persona que recibe el cumplido a menudo utiliza su lenguaje corporal para rechazarlo, incluso mientras podrían estar agradeciéndole con sus palabras.

Si quieres forjar mejores relaciones con los demás, necesitas trabajar para reflejar un mejor lenguaje corporal. Esto no solo los hará sentirse mejor acerca de su interacción contigo y sentirse más felices consigo mismos como resultado directo, sino que también te hará sentirte mejor acerca de ti mismo y tu interacción con esa persona. Esta mayor positividad en ambas personas puede conducir a una relación más satisfactoria y sin problemas entre ustedes dos, independientemente del grado que la conozcas. Cuando las personas están dando un lenguaje corporal positivo, es una señal de que se sienten felices consigo y confían en sí mismas. Esta aura de positividad instintiva hace que otros gusten y confíen más en esa persona, mejorando directamente la relación que comparten.

Para mejorar tu lenguaje corporal y comunicarte positivamente con todo tu cuerpo, sigue los siguientes pasos:

- **Acepta cumplidos en tu pecho**: En lugar de empujar con los brazos cuando reciba un cumplido, trate de colocar la mano sobre su pecho para simbolizar aceptarlo y llevarlo al corazón. Esto te hará sentir mejor y hará que la persona con la que estás hablando se sienta más feliz y a gusto en tu compañía.

- **Mantén la cabeza alta**: Empuje la barbilla hasta el nivel justo por encima, de modo que la cabeza esté muy ligeramente inclinada hacia atrás. Esto servirá para elevar la cabeza y ayudarle a expresar un aire seguro y atractivo.

- **Empuja los hombros hacia atrás**: Esto empuja hacia fuera el pecho y endereza la espalda, haciendo que camines, te pongas de pie o te sientes más erguido. Esta postura confiada envía el mensaje correcto a las personas con las que hablas.

- **Abre el cuerpo**: Evita cruzar los brazos o sostener las manos delante de ti. Hacer esto forma una "puerta" que te hace parecer defensivo, inseguro y cerrado a la interacción con los demás. Piensa en ello como una barrera natural que creas inconscientemente cuando rechazas la realidad del mundo exterior. Demuestra que te sientes más débil e inferior a los demás. Si mantienes tus manos a tu lado, parecerás más relajado, abierto e invitando, brindando mejores relaciones y más oportunidades.

Un fenómeno extraño e interesante es que mejorar tu propio lenguaje corporal de esta manera realmente te hace sentir más seguro y capaz. El acto mismo de tener el lenguaje corporal de una persona segura de sí misma lo hace una realidad. Empiezas a irradiar energía completamente diferente de tu ser, dando mejores señales a las personas que te rodean. De esta manera, hacerse más abierto y accesible a los demás mejora su relación con ellos. Las personas que tienen menos confianza y no quieren interactuar con otras personas tienden a tener relaciones más pobres que las que sí la tienen. Cuando comiences a usar conscientemente un lenguaje corporal más positivo, por lo tanto, mejorarás las relaciones que tienes con las personas que te rodean.

Estas mejoras beneficiarán no sólo las relaciones que tienes con tus amigos, familiares y compañeros de trabajo, sino también la que tienes con tu pareja. Encontrarás que dar las señales subconscientes correctas entre sí mediante el uso de un lenguaje corporal más positivo acerca a los dos de ustedes, y cultiva un vínculo más fuerte e íntimo. Cuando estás proporcionando el lenguaje corporal equivocado, tu pareja lo asimila, conscientemente o no. Se ven afectados por estas señales negativas y se sienten más distantes de ti como resultado. Si puedes trabajar para mejorar tu lenguaje corporal, entonces no sólo te sentirás más accesible y mejor conectado con tu pareja, también los animará a sentirse más positivos acerca de ti, lo que a su vez los lleva a comunicarse con un lenguaje corporal más positivo.

## Leer el Lenguaje Corporal de Otras Personas

Como el lenguaje corporal es un lenguaje en sí mismo, llegar a saber cómo identificarlo y leerlo en otros es parte de aprender a comunicarse bien. En su mayor parte, el lenguaje corporal es sutil y difícil de distinguir. Se basa en gran medida en la intuición para ser entendido y está influenciado en gran parte por el contexto, la cultura, y el individuo que lo realiza. Cada persona tiene su propia forma única de expresarse a través de su lenguaje corporal, aunque hay movimientos y gestos que varían menos ampliamente entre la población y tienden a ser los mismos en todas las culturas.

Cómo leer el lenguaje corporal es siempre una experiencia subjetiva, una de las mejores maneras de leerlo en las personas con las que hablas es tomar nota de las señales que desprenden con su cuerpo y replicarlas en un momento posterior para averiguar qué sentimientos obtienes al realizar los mismos gestos. Esto te permite obtener una visión de lo que su lenguaje corporal estaba diciendo al ver cómo te hace sentir cuando haces lo mismo. Por ejemplo, si estás hablando con alguien y lo ves acariciando la barbilla, y mirando hacia la distancia, haz lo mismo cuando estés solo y ve qué tipo de sentimiento te da. Para muchas personas, este gesto particular del lenguaje corporal es un signo de estar pensando con detenimiento, especialmente cuando tienen una difícil elección o decisión que tomar. También puedes tomar nota de tu propio lenguaje corporal cuando ocurren ciertas situaciones para tratar de averiguar lo que estás pensando y sintiendo, y que te lleva a realizar cierto gesto en un momento determinado. Al hacer esto, puedes obtener un nivel de información sobre la mente de otra persona cuando la ves haciendo lo mismo.

La naturaleza en gran medida involuntaria y automática del lenguaje corporal significa que a menudo puede traicionar nuestros pensamientos y sentimientos, incluso cuando preferimos mantener diferentes apariencias y mantener nuestro mundo interno privado. Por esta razón, es importante hacer todo lo posible para no juzgar a la gente cuando las ves dando señales que podrían ofenderte, como notar que no parecen estar tan interesadas en hablar contigo, aunque minutos atrás lo estuviesen. No podemos evitar lo que sentimos, y la gente a menudo hará todo lo posible para ser educados con sus palabras y tono, incluso cuando su cuerpo grita que están incómodos o prefieren no estar haciendo lo que están haciendo en ese momento. Cuando recoges estas señales, harías bien en tomar nota, pero evita abordarlas, ya que hacer esto probablemente sólo conducirá a dificultad y torpeza. Comunicarse positivamente no se trata de juzgar, sino de entender a las personas. Si estás hablando con una persona y puedes verla cambiando su postura, girando sus pies y viendo hacia otro lugar, entonces podrías razonablemente deducir que quieren terminar la conversación porque están distraídos y sus pensamientos están en otra parte. Podrías hacer todo lo posible para poner fin a la conversación rápidamente, o llevar la conversación hacia un nuevo tema en el que muestren más interés.

Mostrar consideración al hacer esto le proporciona un enfoque sensible y comprensivo para la comunicación con otra persona a través de la lectura de su lenguaje corporal. Entender a las personas construye una relación entre ustedes dos y aumenta la fuerza de la conexión que tienes con ellos. Si puedes ser lo suficientemente sensible como para usar tus poderes de comunicación para entender a los demás, fortalecerás las relaciones que tienes y los harás sentir mejor contigo.

Otra característica común del lenguaje corporal que se puede leer con un buen grado de precisión es observando los ojos de las personas y viendo a dónde van cuando les haces una pregunta. A menos que la persona tenga preparada una respuesta, en cuyo caso tenderá a responder sin romper el contacto visual, sus ojos se alejarán al pensar en su respuesta antes de volver a tu mirada para responder. Si miran hacia arriba y hacia la izquierda, están atacando el hemisferio izquierdo de su cerebro, que está asociado con hechos, información, lógica y recuerdos. Si, por otro lado, mira hacia arriba y hacia la derecha, una persona está accediendo al lado derecho de su cerebro. Esta es la región del cerebro asociada con la creatividad, la imaginación y los pensamientos sobre el futuro. Si miran a un lado o al otro, sin una inclinación hacia arriba, por lo general significa que están escuchando lo que estás diciendo. Si miran hacia abajo, su respuesta está siendo moldeada por la emoción. Cuanto más tiempo pasen mirando hacia abajo, más profunda será la emoción y más emoción estará apegada a su respuesta.

Aprender a leer los movimientos de los ojos de las personas puede ayudarnos a la hora de comunicarnos mejor. Te dará una idea del tipo de lugar del que proviene su respuesta, y de qué región de su cerebro han tenido que acceder para conseguirlo. Los ojos también prestan mucha gravedad y peso a la respuesta de una persona y le permiten juzgar mejor sus procesos cognitivos internos y entenderlos más a fondo.

**Consejo rápido:** Cuando haces una pregunta y sientes que vas a obtener una respuesta impregnada de emoción porque la persona con la que estás hablando mira hacia abajo, puede ser tentador tratar de rescatarlos cambiando el tema o interrumpiéndolos para ayudarlos con lo que crees que podría ser su respuesta. Sin embargo, debes ser paciente y esperar a que ellos respondan. Esto construye una relación, confianza y conexión con la persona, ya que les has dado el tiempo para que se expresen plenamente, sin importar lo difícil que pueda ser. Deja que las personas sientan lo que están sintiendo en lugar de tratar de salvarlos, y su relación con ellos se fortalecerá.

## Dar una Buena Primera Impresión

Las primeras impresiones pueden ser cruciales en ciertos momentos críticos de nuestra vida. Si vas a una entrevista de trabajo o conoces a un cliente potencial, hacer una buena impresión puede hacer toda la diferencia en determinar si el resultado de tu reunión es positivo o negativo. Del mismo modo, si conoces a los padres de tu pareja por primera vez o incluso vas a una primera cita, querrás hacer una buena primera impresión. El secreto para tener un impacto positivo en las personas la primera vez que las conoces es dónde está tu enfoque mental. Cuando conoces a alguien, la interacción entre ustedes dos genera un enfoque en cada una de sus mentes que determina cómo se siente acerca de esa interacción. En términos generales, el enfoque más importante de cada persona en ese momento es cómo cada individuo se siente consigo mismo, y cómo cada uno se siente acerca de la otra persona, es decir:

- **Cómo te sientes contigo mismo**
- **Cómo te sientes acerca de la otra persona**
- **Cómo se sienten acerca de ellos mismos**
- **Cómo se sienten acerca de ti**

La interacción entre ustedes dos colocará el foco en ambas mentes en una de estas áreas clave, y a menudo fluctuará entre ellas. Si cuando conoces a una persona por primera vez te estás enfocando en cómo te sientes acerca de ti mismo, tenderás a sentirte autoconsciente y a causar una mala primera impresión porque estás ansioso, autocrítico, y terminas teniendo dudas de ti mismo y no te enfocas en el conversación. Esto puede ser potencialmente devastador para tu primera impresión. Si tu enfoque se centra en lo que la otra persona siente por ti, estarás tratando demasiado duro para complacerlos, y te darás la impresión de ser falso o inseguro. Si estás pensando y centrándote en cómo te sientes acerca de la otra persona, la primera impresión que reciban de ti es que probablemente eres crítico, y obviamente es algo que quieres evitar. Sin embargo, si tu enfoque se centra en cómo se siente la otra persona por sí misma, lo más probable es que hagas una buena primera impresión. Aquí es donde usted debe tratar de mantener el foco de la interacción en su mente, independientemente del contexto de la primera reunión. Cuando tu propia mente se centra en cómo se siente la otra persona acerca de sí misma, creas una impresión genuina y positiva en ellos.

**Ejemplo**: Conoces a un nuevo cliente potencial en el trabajo y quieres causar una buena impresión. Lo invitas a almorzar. Ahora, podrías hablar de ti mismo, en cuyo caso el enfoque de ti y de ellos estará en tu persona, o puede influir en la conversación para que sea sobre ellos, lo que cambiaría el enfoque a ellos en su lugar. A continuación, puede hacer preguntas de sondeo para averiguar cómo se sienten acerca de sí mismos, los demás y los acontecimientos de su vida, poniendo el foco exactamente donde quieres que esté para que se sientan bien en relación a ti. Para ellos, eres una de las personas más agradables y genuinamente interesadas que han conocido, y para ti, ¡son un nuevo cliente!

# Capítulo Dos:
## Relaciones en el trabajo

El área en la que la persona promedio pasará una gran cantidad de su vida y que es crucial para determinar sus ingresos, satisfacción y bienestar es el lugar de trabajo. La mayoría de las personas pasan unas ocho horas al día en el trabajo, cinco días a la semana, durante la gran mayoría del año. Esto significa que si las relaciones que tienes con las personas con las que trabajas son deficientes, probablemente serás miserable por una parte significativa de tu vida. Un estado mental negativo en el trabajo se filtrará e impregnará las otras partes de tu vida, que, si no se controla, puede terminar convirtiéndote en una persona amargada y resentida. Hay dos categorías principales a tener en cuenta a la hora de gestionar y mejorar las relaciones que tienes en el trabajo.

## La Importancia de la Positividad en el Lugar de Trabajo

Cuando se trata de mantener buenas relaciones a través de la comunicación en el trabajo, la positividad es la clave. Esto es cierto tanto de la actitud que como individuo aportas a tu trabajo como de la atmósfera del propio lugar de trabajo. Como miembro de tu lugar de trabajo, eres una de las personas que generan esa atmósfera, y eres en parte responsable de lo acogedor y solidario que se siente el lugar de trabajo.

Tener buenas relaciones con las personas con las que trabajas es una parte vital de tu éxito individual, así como el de la empresa. La felicidad y el éxito están estrechamente vinculados, aunque no en la forma en que mucha gente piensa que lo están. Mucha gente piensa que cuanto más exitosa sea una persona, más feliz será, pero en realidad, lo contrario es cierto;

cuanto más feliz es alguien, más exitoso saldrán. El vínculo entre la vida laboral y la felicidad, sin embargo, es tangible. Si trabajas en un ambiente estresante y negativo, vas a estar estresado y negativo durante una gran proporción de tu vida, esto inevitablemente se filtra en tu vida hogareña y forma la perspectiva y el estado mental con el que te despiertas todos los días.

Una gran parte de cualquier entorno de trabajo son los compañeros de trabajo, las personas con las que interactúas todos los días y con las que trabajas en estrecha colaboración. Si tu actitud hacia el trabajo es negativa, las relaciones que tienes con tus compañeros de trabajo y, por lo tanto, el ambiente de tu lugar de trabajo será negativo, y si el ambiente de su lugar de trabajo es negativo, tu actitud hacia él también será negativa. El efecto de este círculo vicioso de negatividad son las malas relaciones con las personas con las que trabajas, lo que conduce a conflictos y resentimientos y hace que el lugar de trabajo sea un lugar aún más hostil. Es por esta misma razón que la positividad en el lugar de trabajo es tan importante. Si eres positivo, es probable que tu lugar de trabajo sea un lugar más positivo. Te sentirás más feliz y más satisfecho, y tendrás mejores relaciones con las personas con las que trabajas, además de tener más éxito.

Los beneficios de la positividad en el lugar de trabajo son inconmensurables y se extienden tanto a los empleadores como a los empleados. Aumenta la productividad; basta con mirar a empresas como *Google* que saben cómo mantener contentos a sus empleados, porque saben que los empleados felices son empleados productivos y una mayor productividad se traduce en un mejor resultado final. Un lugar de trabajo positivo generará más beneficios para una empresa que uno negativo. Un entorno de trabajo positivo también conduce a una reducción de dimisión de los empleados y una mejor retención de los trabajadores, lo que significa que los mejores empleados se quedan y mejoran aún más el lugar de trabajo estableciendo un alto estándar y ayudando a generar un gran ambiente.

Una de las razones más comunes que dan las personas para querer dejar su trabajo es un lugar laboral tóxico; hace que estar en el trabajo sea una experiencia muy desagradable y cáustica. La investigación que se ha llevado a cabo en las últimas dos décadas por el Diario de Piscología de la Salud Ocupacional ha vinculado fuertemente los entornos laborales negativos y tóxicos con el aumento de las tasas de depresión y abuso de sustancias. Mejorar tu propia mentalidad y actitud hacia tu lugar de trabajo a través de tu propia positividad ayudará a estimular lo mismo en otras personas, influyendo gradualmente en el ambiente de toda la empresa y asegurando que el tiempo que pasas en el trabajo es mejor para ti mismo y para todos sus compañeros de trabajo.

Si eres un empleador o eres responsable de otros miembros del personal en tu lugar de trabajo, la positividad se puede aplicar de dos maneras principales para mejorar la productividad tanto tuya como de las personas que te rodean, y como resultado de la empresa. Si tu equipo está trayendo buenos números, se reflejará bien en ti y mejorará tu posición dentro de la empresa, trayéndote a ti y a las personas con quien trabajas nuevas oportunidades. Es ganar-ganar. A continuación, te indicamos cómo poner en práctica la positividad:

## Evaluación Positiva

Muchas personas pueden relacionarse con tener una figura de autoridad en algún momento de sus vidas para quien nada parece ser lo suficientemente bueno. Si esta ha sido tu experiencia, entonces no necesitas que te diga lo desmoralizador y frustrante que puede ser dar lo mejor de ti y que nunca sea apreciado, especialmente cuando sientes que estás haciendo un gran trabajo. Cuando das al personal evaluaciones y comentarios, siempre debes mantener las cosas tan positivas como sea posible y hacerle saber al personal que aprecias sus esfuerzos. Siempre indícales cómo sus acciones han sido beneficiosas para la empresa, y muestra gratitud por su arduo trabajo, tan a menudo como sea posible. Diles que lo están haciendo bien y que deben estar orgullosos de sí mismos por sus logros.

Puede ser tentador al evaluar al personal decir "Lo estás haciendo brillantemente, pero podría ser mejor". Esta actitud se deriva de un lugar de entendimiento en el cual siempre hay margen de mejora y un deseo de hacerlo lo mejor posible. El problema de hacer esto, sin embargo, es que socava la confianza del personal de su propia capacidad. La gente siempre puede hacerlo mejor, no importa lo excelente que sea su rendimiento. Usar la palabra "pero" después de elogiar al personal y seguir con la sugerencia de que podrían hacer mejor erosiona cualquier oportunidad para que realmente disfruten de los comentarios positivos que acaban de recibir. Colgar la zanahoria del agradecimiento sólo para arrebatarla e informarles de que podrían estar haciendo más, tendrá un efecto negativo neto en la moral de los trabajadores. En cambio, permita que la positividad se quede y sea completamente absorbida por el personal agradeciéndoles y elogiándolos sin animarlos a trabajar más duro, por ahora. Permítales la oportunidad disfrutar en la brillante calidez de la sensación de hacerlo bien, dando una pausa y entregando creatividad positiva por separado.

## Creatividad Positiva

Después de asegurarte de que estás evaluando positivamente a tu personal, puedes comenzar a fomentar la creatividad positiva además de elogiarlos y agradecerles. Esencialmente, todo esto consiste en separar el estímulo para hacerlo mejor de la declaración de que lo están haciendo bien. En lugar de decir 'pero podrías hacerlo mejor', trata de enmarcar cualquier estímulo por separado de los elogios ofrecidos. Siempre puedes llevar a tu personal al siguiente nivel incentivando que lo hagan aún mejor para obtener aún más recompensa. Tienes que tratar de expresarlo como si tuvieran la oportunidad de pasar a algo incluso mejor de lo que ya tienen para construir energía, orgullo y esperanza. Esto les permite avanzar y crear algo aún mejor a través del aprovechamiento de la energía y la creatividad proporcionadas por un lugar de trabajo positivo.

Si eres un empleado en lugar de un empleador o gerente, todavía tienes todas las motivaciones para hacer que tu lugar de trabajo sea un lugar lo más positivo posible a través de tu propia actitud positiva. Por un lado, un lugar de trabajo más feliz te hará una persona más feliz. Cuando te sientes tranquilo y en paz en el lugar de trabajo, estás relajado y satisfecho en lugar de estar estresado o ansioso por tu desempeño. La positividad, por lo tanto, no se trata sólo del lugar de trabajo. Se traslada a todos los aspectos de tu vida; tus relaciones, tus finanzas, tu familia y tu bienestar general se elevarán como resultado de ser más feliz y más satisfecho en el trabajo.

**Consejo rápido**: Llevar una actitud más positiva al trabajo contigo, también te traerá nuevas oportunidades en forma de aumentos y promociones. Tus jefes notarán tu mayor productividad y el efecto de aumento de la moral en el equipo. Atraerás la atención hacia ti como exactamente el tipo de persona que su empresa quiere y necesita, alguien con una gran actitud y ética de trabajo. Alguien que haga las cosas. Esto traerá nuevas posibilidades que no esperabas. Las puertas se abren, las conversaciones ocurren, y las cosas comienzan a moverse rápidamente para ti como resultado de tu iniciativa. Construyes nuevas relaciones con personas que te llevarán más y más allá en la vida, dándote la oportunidad de poner a prueba tus habilidades de comunicación y aprovechar al máximo las nuevas oportunidades que has conseguido tú mismo.

## Comunicación en el Lugar de Trabajo

Una buena comunicación es absolutamente vital para una buena práctica profesional y empresarial. Es esencial en la construcción de las relaciones en las que estas cosas se basan en su núcleo, como cualquier persona de negocios exitosa te dirá: tener las conexiones correctas hace toda la diferencia, y construir las conexiones correctas implica ser un buen comunicador. También es un factor esencial para construir y mantener relaciones con los clientes, aumentar la rentabilidad y la eficacia del equipo, y comprometerse exitosamente con el personal. La comunicación positiva es mucho más que hablar, también; se trata de conectar con las personas a un nivel fundamental y muy humano. Un gran componente de la comunicación en el lugar de trabajo es la gestión de conflictos. Esto será abarcado en el siguiente capítulo, que abordará gestión de conflictos en las relaciones en todas las áreas de tu vida así como también en el lugar de trabajo.

La mejora de la participación de los empleados es uno de los resultados más beneficiosos de la comunicación positiva en el lugar de trabajo. Es decir, los empleados se sienten más conectados y con mayor grado de inversión personal en su lugar de trabajo cuando tienen relaciones positivas con sus compañeros de trabajo y la dirección. Cuando los empleados están más comprometidos en el lugar de trabajo, se alinean más estrechamente con los objetivos y metas de la empresa y ayudan a toda la empresa a ser más eficiente y más productiva. También obtienen una mayor comprensión de los demás, lo que significa que las habilidades y talentos que de otra manera podrían haber pasado desapercibidos se pueden resaltar y cultivar dentro del entorno de trabajo para aprovecharlos al máximo mediante el uso de individuos en los roles dónde destacan. Esto resulta en una fuerza de trabajo más talentosa y productiva.

Una buena comunicación en el lugar de trabajo tiene una serie de otros beneficios tanto para los empleados como para sus empleadores. Conduce a una cultura de trabajo más abierta, más adecuada a la innovación y al pensamiento creativo. Mejora la creación de equipos y da a todos una voz, lo que conduce a una mejor satisfacción de los empleados, una mayor moral y un lugar de trabajo mucho más positivo. Permite un mejor crecimiento y gestión, y una mejor eficiencia cuando se trata del uso de los recursos.

## Mejorando la Comunicación en el Lugar de Trabajo

Poner mejor comunicación en práctica en el lugar de trabajo requiere enfocarse en unas pocas áreas clave de consideración:

- **Metas y expectativas bien definidas**: Los objetivos y las metas deben ser ratificados claramente tanto por la dirección como por los empleados. El personal debe saber exactamente lo que se espera de ellos y debe tener sus propias metas y expectativas de sí mismos que comparten con la gerencia. Cualquier objetivo fijado debe ser alcanzable para aumentar la moral; establecer metas poco realistas sólo conduce a la decepción cuando las personas son inevitablemente incapaces de cumplirlas. Todos los miembros del personal deben ser conscientes de los objetivos de cada proyecto y de la organización en su conjunto.

- **Mensajes claramente entregados**: Todos los elementos de comunicación deben ser claros, fácilmente comprensibles y accesibles para todos los que necesitan verlos. Es importante hablar de manera clara y educada para asegurarse de que el mensaje se entienda claramente y no cause ninguna confusión ni lastime los sentimientos de nadie. También debes considerar el medio a través del cual se expresará el mensaje. Mientras que las conversaciones cara a cara suelen ser la mejor manera de transmitir mensajes, a veces se requieren otros medios, como correos electrónicos o notas escritas. Tómate el tiempo para pensar en la mejor manera de transmitir un mensaje a las personas adecuadas.

- **Inclusión y participación**: Es vital que todos en el lugar de trabajo se sientan escuchados e incluidos. Todo el mundo debe estar al día. Si las personas se quedan fuera del circuito y se pierden noticias e información importantes, se sentirán excluidas. Parte de involucrar a todos en el lugar de trabajo es tomarse el tiempo para escuchar a todos y tener constantemente líneas de comunicación abiertas para que todos tengan una voz. La comunicación es una calle bidireccional, por lo que los comentarios siempre deben ser valorados y respetados. Fomentar un ambiente abierto en el lugar de trabajo conduce a un mayor nivel de confianza mutua y respeto entre todos los miembros individuales del equipo, lo que resulta en un mayor rendimiento general.

# Capítulo Tres:
## Gestión de Conflicto

Una parte importante de convertirse en un buen comunicador y aprender a manejar mejor las relaciones que tienes, es aprender a lidiar con los conflictos. Desafortunadamente, el conflicto es un hecho de la vida. La gente pelea y tiene desacuerdos todo el tiempo, sobre prácticamente cualquier cosa, y si quieres tener éxito en comunicarte positivamente es vital que aprendas a manejar los conflictos de manera adecuada y apropiada para que puedas hacerte cargo de situaciones complicadas y dirigirlos en la dirección correcta, sin importar el contexto en el que se produzcan.

### Gestión de Conflictos en el Trabajo

Los conflictos pueden ser particularmente

difíciles de tratar cuando ocurren en el lugar de trabajo. La tensión y los conflictos abiertos reducen la productividad y la eficiencia y crean un entorno de trabajo negativo y tóxico. La mayoría de los conflictos y casi todos los conflictos prevenibles se derivan de la falta de buena comunicación. Por lo tanto, es esencial que hagas todo lo viable para cortar cualquier conflicto de raíz y evitar que surja, estableciendo una buena comunicación con y entre las personas con las que trabajas y entre cualquier empleado del que seas responsable.

En general, el conflicto en el trabajo tiende a reducirse a un patrón profundo de malentendidos y mala comunicación entre los empleados que se convierte en un conflicto más obvio debido a ciertas circunstancias o eventos estresantes. Muchos empleados tolerarán una comunicación menos que adecuada de ciertas personas para no hacer una escena o causar ningún drama, lo que significa que el conflicto puede parecer salir de la nada cuando se producen puntos de inflamación que desencadenan una reacción alimentada y exacerbada por sentimientos negativos acumuladas. La comunicación es difícil en el mejor de los momentos, pero es aún más difícil cuando se producen situaciones estresantes. Mantener una atmósfera positiva que busque aliviar y minimizar el estrés para todos evitará la probabilidad de que estas situaciones ocurran en primer lugar y reducirá la gravedad de las mismas cuando lo hagan. Si todos los empleados entienden que no hay necesidad o lugar para el drama en el trabajo, será más probable que se sienten y hablen las cosas con sensatez y paciencia en lugar de dejar que sus emociones hablen por ellos y causen una atmósfera tóxica.

La mayoría de los conflictos se reducen a malentendidos debido a una mala comunicación. Incluso cuando las personas sienten que se están comunicando bien, es difícil para ellos saber si realmente lo están haciendo o no, a menos que tengan una buena comprensión del estilo de comunicación de las personas con las que están hablando. Si están hablando con alguien con un patrón de comunicación diferente, ambas partes pueden terminar por distanciarse con ideas muy diferentes sobre lo que se espera de ellos y cómo hacerlo. Esto puede conducir a problemas en el futuro, especialmente si hay graves consecuencias en esta comunicación errónea y la gente siente que sus trabajos están en juego, en cuyo caso es probable que se vuelvan a la defensiva. Reconocer que cada uno tiene diferentes patrones y estilos de comunicación a través de reuniones de grupo y sesiones de capacitación puede ser una gran manera de cultivar una mayor comprensión de las sutiles diferencias en las formas en que las personas procesan y entienden la información. Hacer esto también se puede utilizar como una manera de permitir que las personas descubran los patrones de comunicación de sus compañeros de trabajo, y para enfatizar la importancia de comprobar dos veces que ambas partes entienden completamente algo antes de ponerse a trabajar en eso.

Las causas más graves de conflicto en entornos laborales incluyen personas que se sienten ignoradas, como si sus necesidades emocionales no se estuvieran satisfaciendo y que se aprovechan de ellas y son manipuladas. Cuando el conflicto estalla en torno a estos problemas, puede ser más difícil y complicado de resolver, especialmente si hay un aire de tensión significativo en las secuelas. Poner buenas bases de comunicación y tener poca tolerancia a un comportamiento injusto o maligno en el lugar de trabajo ayudará a evitar que este tipo de conflicto ocurra en primer lugar.

Cuando estalla el conflicto, la primera prioridad para todos los presentes debe ser reducir la tensión y poner fin al conflicto inmediato lo antes posible. Una vez que esto se ha logrado, un período de reconocimiento, comunicación y reparación de las relaciones dañadas es vital para resolver tanto la causa raíz como cualquier síntoma de conflicto y permitir que las cosas vuelvan a la normalidad. Esto se puede lograr mediante la dirección y los recursos humanos que intervienen para mediar y permitir que todas las partes involucradas hablen y lleguen a una resolución sobre los temas que causaron conflictos en primer lugar. Una parte clave de este proceso es reconocer y aceptar el hecho de que el conflicto ocurrió en primer lugar, en vez de tomar medidas para enterrarlo u ocultarlo.

**Consejo rápido:** A veces, te encontrarás en el centro del conflicto por accidente. Gestionar el conflicto por sí mismo en el trabajo es sobre todo acerca de la actitud que se toma hacia él. Siempre debes intentar mantener la compostura y la profesionalidad poniendo el trabajo en primer lugar y asegurándote de seguir los pasos adecuados para reportar cualquier comportamiento negativo, tóxico o no profesional tan pronto como sea posible a través de los canales apropiados. No te dejes arrastrar si alguien está siendo intencionalmente difícil o antagónico al responderle de igual manera. La capacidad de mantener la cabeza fría y pensar claramente en situaciones estresantes te diferenciará y te ayudará a avanzar en tu propio puesto, así como a manejar cualquier conflicto en el que te encuentres de una manera positiva.

## Lidiando con Personas Negativas

Todo el mundo tiene personas negativas en sus vidas, y todo el mundo es negativo de vez en cuando. Es parte del ser humano. Sin embargo, algunas personas son más negativas que otras, hasta el punto de que tienen un efecto consistentemente tóxico en la vida de las personas a su alrededor por una razón u otra. Lo importante a entender aquí es que la negatividad casi siempre proviene de un profundo dolor emocional. Las personas que están sufriendo por dentro actúan y lastiman a las personas que los rodean de maneras que no son necesariamente típicas para ellas. La mejor manera de tratar con personas negativas en tu vida es, por lo tanto, acercarte a ellas con una mentalidad amable, compasiva y empática. Siempre intenta de tratar a las personas de la forma en la que te gustaría que te trataran, independientemente de cómo te traten a ti.

Para muchas personas negativas, tratar mal a los demás es un mecanismo de autodefensa destinado a ayudar a preservarse frente a lo que ven como amenazas para sí mismos, por cualquier razón. No excusa su comportamiento, pero sí ayuda a explicarlo. Cuando la gente se siente acorralada, actúa. Las personas más negativas son personas que están en un gran dolor y no saben cómo lidiar con él. La mayoría de las personas están haciendo lo mejor que pueden con la información que tienen a la mano en cualquier momento.

Tratar con personas negativas de la manera correcta es ante todo cambiar su propia actitud, estado mental y opiniones sobre ellos. Ponte en posición de observar, en lugar de juzgarlos, y evita involucrarte en la negatividad. Trate de estar interesado en entender a las personas en lugar de centrarte en lo mucho que no te gusta o desapruebas sus rasgos negativos. Al final del día, nadie tiene el poder de resolver los acertijos de la vida de una persona. Las circunstancias se manifiestan a nosotros y las situaciones se desarrollan de tal manera que a menudo somos incapaces de ver una mejor manera de hacer las cosas porque estamos demasiado aferrados a las cosas que nos causan dolor. En lugar de borrar a la gente o juzgarla, podemos verlas como las personas fascinantes y problemáticas que son. Si puedes aprender a ver las cosas de esta forma, te encontrarás en una posición muy poderosa; no te cambia, ni te cuesta, ni altera el curso de tu vida el permitir que las personas tengan sus propios asuntos. Simplemente te ayuda a entenderlos.

Tomar esta perspectiva es una técnica increíblemente útil y empoderadora cuando se trata de tratar con las personas negativas en su vida. Es una manera de dejarse llevar en presencia de la negatividad sin permitir que afecte a tu propio estado de ánimo y estado mental. Intenta tomar la posición contigo mismo de que la negatividad no tiene ningún control sobre ti a menos que lo permitas. No es tu jefe, y no te vuelves negativo a menos que le des a tu negatividad el espacio que necesita para respirar. Para que tu estado mental y estado de ánimo se vuelvan negativos, primero tienes que entregar tu vida emocional y positividad. Siempre tienes la opción de permitir que cualquier sentimiento negativo se disipe en lugar de complacerlos. Puedes elegir y mantener tu posición en la vida. Tú decides cuán positiva o negativa es tu perspectiva y te apropias de una cierta actitud. Es una buena idea elegir una que te sirva bien y te haga feliz. No tienes que ceder a los intentos de personas negativas para caer en su mentalidad negativa.

**Consejo rápido**: Elegir tratar a las personas negativas que te rodean con amor y bondad no significa que tengas que permitir ser pisoteado. La distancia es necesaria para cualquier relación, y si alguien está teniendo un efecto negativo en ti, te lo debes a ti mismo y a tu propia felicidad, estar preparado y dispuesto a poner un poco de distancia entre ellos y tú. Sé valiente y sé amable, y no dejes que la gente te aleje de tu resolución para ser amable, amoroso y actuar con integridad, porque esas cosas vienen de adentro, no de lo que otras personas observan. No necesitas el permiso o la validación de nadie más para ser feliz dentro de ti mismo.

## Cómo Lidiar con Relaciones Tóxicas

Las personas tóxicas pueden tomar muchas representaciones y formas diferentes en tu vida. Podrías encontrarte con una persona tóxica en una tienda de comestibles que te regaña porque está teniendo un mal día, o podrías tener un amigo, pareja, hermano o padre tóxico del que no puedes simplemente alejarte porque son una gran parte de tu vida. El comportamiento tóxico varía ampliamente, desde simple mezquindad y actitudes de mente pequeña hasta acoso y manipulación persistentes. Manejar a las personas y las relaciones tóxicas es complicado como resultado de esto, así que vamos a dividirlo en subcategorías con el fin de abordar más exhaustivamente las situaciones tóxicas más probables que puedes enfrentar en tu propia vida.

## Manejando Interacciones Tóxicas

Las interacciones tóxicas son aquellas conversaciones y experiencias que tenemos con personas que nos dejan sentirnos significativamente peores de lo que nos sentimos de antemano. De esta manera, se pueden comparar con tener un roce con una planta venenosa o un animal: piensa en cómo se siente mover la pierna contra las ortigas, donde hay una sacudida inicial de dolor agudo que es seguida por irritación y ardor con el tiempo. Lo mismo se aplica al tener un roce con una persona tóxica. Tratar con interacciones tóxicas se puede manejar de una manera muy similar a cómo responderías a ser picado.

La primera etapa en el manejo de interacciones tóxicas es en realidad una medida precaucionaría y preventiva. Puedes desarrollar resiliencia a las experiencias tóxicas practicando el cuidado personal, como dormir lo suficiente, hacer ejercicio regularmente y llevar una dieta saludable y nutritiva. Cuidarte haciendo estas cosas te servirá para reforzarte y fortalecerte mentalmente, lo que significa que te verás menos afectado por tener un roce con alguien tóxico. Su comportamiento será más probable que se rompa en ti como agua en una roca sin paralizarte o desmoronarte internamente porque estás haciendo lo necesario para evitar que el comportamiento tóxico te afecte más intensamente.

Inmediatamente después de estar expuesto a alguien tóxico, tu primera prioridad debe ser limpiar y enjuagar la herida con el fin de diluir el veneno y minimizar los efectos iniciales de tener contacto con alguien que es tóxico. Una buena manera de hacer esto es hablar con otra persona con el fin de desahogarte de la experiencia y evitar que te coma por dentro lentamente de forma aislada. Confirmar con otra persona que el comportamiento que tuviste en el extremo emisor era, de hecho, tóxico puede ayudarte a sentirte menos solo y menos como una víctima de la experiencia que tuviste. A continuación, puedes empezar a tratar de poner las cosas en perspectiva. Cuando acabamos de tener una interacción horrible con alguien, tendemos a sentirnos abrumados por lo que ha sucedido. Es todo en lo que podemos pensar, así que nos etenemos en ello y lo construimos en nuestras mentes hasta que se transforma en algo que no es en realidad. Por lo tanto, puede ser muy útil dar un paso atrás y ver el panorama general, para ver que en el gran esquema de las cosas, una interacción tóxica no significa mucho en absoluto. Es horrible en el momento cuando no podemos ver el bosque debido a los árboles, pero cierta distancia y perspectiva nos ayuda a ver estas cosas como realmente son.

La segunda etapa es eliminar el veneno para volver a una mentalidad más sana y positiva. Esto puede tomar la forma de medidas de autoayuda como el entrenamiento de positividad, o vías más profesionales como la terapia o el asesoramiento. El objetivo es condicionar tu mente con el fin de enmarcar experiencias negativas pasadas de una manera diferente para que seas capaz de enviarlas lejos después de haber aprendido todas las lecciones posibles de ellas, y luego seguir adelante pensando en eso como cualquier otra parte de tu pasado. Cambiar la actitud que tienes con las cosas negativas y tóxicas que te han sucedido te permite sentirte cómodo con haberlas tenido y ser capaz de seguir adelante sin que te pesen, algo que puede ser una experiencia increíblemente liberadora.

Otro factor en la curación después de haber tenido una interacción con alguien que es tóxico es evaluar el tipo de personas que quieres que te rodeen. Esto es especialmente importante cuando la persona con la que tuviste una experiencia negativa o tóxica es alguien con quien estás cerca o ves mucho. Si este es el caso, es posible que desees considerar poner cierta distancia entre ustedes o incluso dejarlos ir de tu vida por completo si la distancia no es suficiente. Nuestras personalidades tienden a ser un promedio de las cinco personas con las que pasamos más el rato, lo que significa que si pasamos mucho tiempo con personas negativas o tóxicas experimentaremos una parte de su personalidad negativa y comportamiento tóxico rozándonos y convirtiéndose en un parte de lo que somos. Obviamente, esto no es algo que queremos que suceda, así que tenemos que ser capaces de defendernos a nosotros mismos, nuestra felicidad, bienestar y vida emocional de personas cuya presencia nos afectaría negativamente, intencionalmente o no. Tenemos que esforzarnos por forjar relaciones positivas, inspiradoras y edificantes en nuestra vida que nos potencien y enriquezcan para alcanzar nuevos niveles de paz y bienestar que contrarresten personas y experiencias negativas.

## Personas que Toman Ventaja de Ti

Lo más probable es que hayas experimentado a gente intentando manipularte o aprovecharse de ti. Si no lo has hecho, eventualmente lo harás. Es parte de la vida como animal social. Mucha gente ve esto de una manera muy negativa y pesimista. Lo ven como un síntoma del egoísmo y la codicia, que podemos convencer a la gente para que haga lo que queremos y podamos beneficiarnos de ello. Aceptar que hay personas por ahí que tratarán y lograrán aprovecharse de ti puede ser una sensación liberadora, ya que significa que estás en una posición mejor para ver las señales de advertencia cuando una persona te tiene en la mira, por lo que podrás tratar de prevenir que suceda, al colocarte en una posición para evitarlo o reducir el efecto que tendrá en ti.

Una vez que alguien tiene sus garras en ti y se está aprovechando activamente o manipulándote, puede ser muy difícil de tratar. Detener a una persona de aprovecharse de ti en primer lugar puede ser bastante difícil, pero cuando ya han retorcido el cuchillo lo suficiente como para comenzar a ver recompensas, sólo se doblarán y lucharán contra tus intentos de liberarte de sus manos. Las armas que un manipulador puede empuñar son variadas, pero por lo general implican intentos de hacerte sentir culpable o como si los estuvieras decepcionando al negarte a hacer todo lo posible para ayudarlos, así como a encenderte jurando que tu memoria está mal y que su versión de los acontecimientos es la correcta, incluso si sabes de hecho que no lo es. Un ejemplo de esto es si tu pareja se aprovecha de ti al permitirte cocinar sus comidas, se enoja y molesta cuando incluso sugieres tomar turnos para cocinar para ambos, y dice que eres la razón por la que está molesta y que si sólo le hicieras la comida dejarías de hacer su vida difícil, y luego te manipula al asegurar que aceptaste hacer la cena esa noche, aunque sabes que no lo hiciste. Sí. Divertido.

Lo importante que debes recordar aquí es que no le debes nada a nadie. Las personas amables y compasivas son los mejores objetivos para las personas que buscan beneficiarse de las pérdidas de otras personas, ya que a menudo pueden ser empujadas más lejos y más rápido que las personas menos empáticas, que obstruirán los intentos de aprovecharse de ellas rápidamente y no cederán su posición. Si estás siendo maltratado, no importa quién lo esté haciendo, no tienes que soportarlo. Es algo que has permitido que suceda, incluso si no has notado antes que es abusivo. El mundo puede ser un lugar duro e implacable, y algunas de las cosas que tienes que hacer para cuidarte serán cosas que no quieres hacer, cosas que tienes miedo de hacer; pero al final del día, tienes que hacerlas para ser una persona feliz y bien adaptados. Tienes que ser amable y valiente, y asegurarte de hacer lo que hay que hacer para ponerte primero y dejar de ser manipulado por depredadores astutos y calculadores que te usarían para su propio interés.

Para mucha gente, confrontar a la persona o personas que los maltratan o se aprovechan de ellos, parece peor que simplemente soportarlos y hacer lo que quieren. Tener miedo de la confrontación no es algo malo, pero te impedirá sentirte completo en tu vida si lo permites. Ser valiente no se trata de no tener miedo. Se trata de sentirse asustado y aterrorizado y temeroso de hacer algo y luego hacerlo de todos modos. La vida es un juego de riesgo y azar. Es posible que no te escuchen, que te rechacen o te invaliden, pero no importa. Tienes que estar preparado para defenderte, para tener el valor y decirte a ti mismo que no estás dispuesto a soportar ser el títere de nadie nunca más.

Cuando una relación no es saludable o tóxica, tienes que tener fronteras y límites que describan lo que está y lo que no está bien para ti, y lo que no estás dispuesto a soportar de otras personas. Pregúntate en qué posiciones estás dispuesto a ponerte. Establecer estos límites y cumplirlos no se siente como algo particularmente agradable de hacer, pero es necesario. Ciertamente no es agradable, pero tampoco lo son muchas de las cosas que tenemos que hacer en la vida para sobrevivir, florecer y prosperar. La simple verdad es que la vida es una gran experiencia de aprendizaje. Es una oportunidad de crecimiento, y el crecimiento no sucederá si no sales de la seguridad de tu zona de confort. Si te sientes cómodo, no estás creciendo. Si quieres progresar como persona, tienes que permitirte salir de tu profundidad de vez en cuando para poder superar tus límites. Tienes el control de las relaciones que posees con las personas. Puedes determinar qué tipo de relación tienes con ellos y cuán cerca o distante estás. Puedes decidir cuánto estás dispuesto a dar a cualquier persona y, por lo tanto, la medida en la que pueden aprovecharse de ti en primer lugar.

Tienes que aprender a afirmarte para protegerte de la exposición y manipulación tóxica. Esto no significa que tengas que ser agresivo; puedes ser asertivo sin dejar de ser amable y tranquilo. Ser asertivo es enviar un mensaje claro a las personas que te rodean de que no estás dispuesto a soportar sus intentos de controlarte o derribarte e indicar que estás preparado para defenderte de ellos si es necesario. Está bien optar por no tener una conversación cuando no está funciona para ti. Está bien alejarse del diálogo, de un evento, de una situación o de cualquier cosa que te incomode o simplemente no es lo mejor para ti en un momento dado. No le debes a nadie una explicación por hacer lo que tienes que hacer para cuidarte. Ponte en primer lugar, porque eso es lo que tienes que hacer para sobrevivir y ser feliz en este mundo.

Establecer límites puede implicar cualquier número de cosas, y depende en gran medida de la naturaleza de la relación que tienes con alguien. Lo más importante es que puedes decidir cuáles son estos límites. No son negociables. Si no te sientes cómodo con algo, entonces establece un límite. Si tu amigo confía en ti para sacarlo de problemas financieramente, entonces dile que no le prestarás más dinero, y luego mantén tu palabra. Establecer límites es inútil si no estás preparado para aplicarlos. Si has dibujado una línea en la arena y alguien la cruza, debes estar listo para tomar medidas y mostrarles que su comportamiento tiene consecuencias. Si todo lo que haces son amenazas vacías que no estás dispuesto a efectuar, se aprovecharán de ti tan pronto como las personas que te usan se den cuenta de tu renuencia a cumplir límites estrictos. Te pondrán a prueba para ver cómo reaccionas, y luego se amontonarán en lo que puedan conseguir si huelen sangre.

Una vez que realmente hayas establecido límites, descubrirás que llegas a una situación de "hacer o romper" en tu relación con una persona manipuladora. Aquí es donde puedes decidir si renovar la relación y empezar de nuevo con una nueva dinámica y diferentes expectativas y reglas, o dejarla atrás por completo y seguir adelante sin esa persona en tu vida. La elección que tomes aquí dependerá en gran medida del tipo de relación que tengas con una persona; es mucho más fácil dejar a un antiguo amigo atrás que cortar lazos con tus padres. Si crees que la relación puede salvarse o es demasiado importante para soltarla, entonces tienes que comprometerte a cambiarla para que ya no sea dañina o tóxica. Tienes que reinventar la relación para que funcione en términos que sean aceptables para ti. La vieja relación tiene que ser dejada atrás en su totalidad. No puedes volver a cómo eran las cosas, porque si eso no funcionaba para ti antes nunca lo hará. Si no puedes tener una relación saludable con alguien, podría ser momento de considerar liberarlo de tu vida para que puedas seguir adelante y rodearte de personas más positivas y solidarias. Libéralos y haz que se conviertan en parte de tu pasado, en lugar de ser parte de tu presente o de tu futuro. Está bien dejar ir a la gente. Ser parte de tu vida es un privilegio que concedes a las personas, no su derecho. Si no es factible, práctico o posible que una persona permanezca en su vida, tienes todo el derecho de dejar que se vaya.

Tal vez la parte más importante de manejar una relación difícil o manipuladora con alguien es aprender realmente cómo practicar el perdón. Ya sea que decidas mantener a una persona así como parte de tu vida en nuevos términos o tienes que dejarla ir, tienes que ser capaz de perdonarla. Eso no significa que estés excusando su comportamiento abusivo o aventajado; no los estás dejando libres o perdonándolos por sus errores. No te estás haciendo débil o abriendo la puerta para que te manipulen de nuevo en el futuro. Lo que estás haciendo es dejar el equipaje emocional que has acumulado como resultado de esta persona en el pasado, donde pertenece, en lugar de llevarlo contigo al futuro. El perdón consiste en dejar atrás la carga de su memoria para que puedas seguir adelante en paz.

Tratar con relaciones de naturaleza tóxica o abusiva siempre es difícil, pero puede ser particularmente difícil de manejar cuando es alguien con quien tienes una relación romántica. Estar tan cerca de alguien a veces puede cegarnos a su lado negativo y les permite salirse con la suya con cosas que de otra manera no toleraríamos de nadie más, particularmente si el abuso es sutil y de carácter emocional, en lugar de físico. Esto hace que sea aún más importante tomar nota de cualquier alerta roja y buscar consejo entre amigos o familiares sobre la relación cada vez que sientas la necesidad de hacerlo. Las relaciones románticas tóxicas y abusivas a menudo implican que el abusador separe a su víctima de la red de apoyo, así que mantente atento al control y al comportamiento dominante como los intentos de restringir con quién puedes o no hablar.

## Manejando Amigos, Parejas y Familiares Tóxicos

Las personas tóxicas pueden tomar cualquier papel en tu vida. Pueden ser tu amigo, tus padres y tus hermanos. A veces, es posible que ni siquiera nos demos cuenta de que alguien es tóxico hasta que los hemos conocido a lo largo de varios años, momento en el que están arraigados en nuestras vidas y son difíciles de eliminar. Un hecho difícil de la vida es que las personas más cercanas a ti son las personas más capaces de hacerte daño. Estas son las personas que tienen más acceso a ti y el mayor poder sobre ti. El hecho de que estés cerca de ellos emocionalmente y en términos de proximidad física significa que no puedes simplemente sacarlos de tu vida más fácil a la primera señal de problemas, y las personas tóxicas usarán esto en su beneficio para mantenerse cerca de ti y llenar tu vida con su veneno corrosivo.

Una característica común del comportamiento tóxico es menospreciar con frecuencia a otros sin razón aparente, que es una característica que puede ser increíblemente agotadora e hiriente para aquellos en el extremo receptor de la misma. Aunque pueda parecer que estos actos de menosprecio no tienen una causa o motivación aparente, a menudo son el resultado de personas que se sienten negativas de sus propias vidas y se sienten mejor insultando a los demás. Además, algunas personas tienen una sensación enfermiza de satisfacción por hacer que otros se sientan mal. Cuando ven que sus palabras tienen un efecto serio en otras personas, se sienten poderosas y fuertes. Tal vez les guste controlar o dominar los sentimientos de los demás para sentirse bien. Este tipo de comportamiento es indicativo de abuso emocional, y a veces puede ser de carácter patológico, lo que significa que proviene de una enfermedad mental o trastorno.

Lo principal a tener en cuenta al abordar el comportamiento tóxico de personas cercanas a ti es que la mayoría de las veces, la razón para que te menosprecien o te acosen es que el perpetrador está buscando una reacción de ti que los haga sentir bien. Tu reacción, aunque no es tu culpa, por supuesto, es lo que perpetúa el comportamiento y cierra el bucle, formando un círculo vicioso de toxicidad. Con el fin de romper el ciclo, tienes que cambiar la forma de reaccionar a los menosprecios e insultos que están dirigidos a ti. Puede hacerlo haciendo un inventario de tu propio comportamiento y notando cómo reaccionas a críticas o derribos constantes y consistentes. Cuando estás herido y molesto, es probable que te pongas a la defensiva. Esta reacción es exactamente lo que una persona tóxica espera. Cuando reaccionas así, les estás dando exactamente lo que quieren. Si puedes entrenarte para desconectar tu reacción de los estímulos, en su lugar puedes responder con algo neutral o incluso ignorar completamente el insulto. Sin la respuesta que están buscando, el perpetrador tiene poco incentivo para seguir menospreciándote y eventualmente se aburrirá y se detendrá.

**Consejo rápido:** Una buena manera de lidiar con este tipo de comportamiento tóxico y evaluar si proviene o no de un lugar maligno o simplemente de una falta de autoconciencia es utilizar una estrategia llamada "identificar, verificar, aceptar". El primer paso aquí es identificar exactamente cómo te sientes acerca de estar expuesto al comportamiento negativo y tóxico que estás experimentando. Después, puedes verificar si así es como la persona quería que se sintieras explicándoles cómo su comportamiento te hace sentir y preguntándoles si esa era su intención. La respuesta que recibirás a esto puede ir desde la realización repentina y las disculpas sinceras hasta la negación, como decir que eres demasiado sensible y es tu culpa que estés molesto. No importa la respuesta que recibas, la etapa final es aceptarla. Les has hecho saber confrontándolos que la forma en que te tratan tiene un impacto en ti y no estás dispuesto a soportarlo. La forma en la que procedes depende de ti, pero debe implicar una cantidad de reflexión y evaluación del tipo de relación que deseas tener con esa persona. Como he indicado anteriormente si no son una influencia positiva en tu vida, deberías pensar con detenimiento sobre el tipo de distancia que quieres mantener con ellos y si quieres o no tener una influencia tan tóxica y corrosiva como parte de tu vida.

# Capítulo Cuatro:

## Ser un Mejor Oyente

Cuando se trata de comunicación, no hay habilidad más importante que la capacidad de escuchar. Es la clave para una buena comunicación. Sin embargo, es más fácil para a algunas personas que otras. La falta de una buena comunicación y escuchar adecuadamente obstaculiza significativamente las relaciones. No pueden ser positivas ni sustanciales o de profundidad real sin lo anterior.

### Cómo Convertirte en un Mejor Oyente

Las mujeres tienden a ser oyentes naturales a diferencia de los hombres, y por lo general pueden practicar la habilidad mucho mejor que sus homólogos masculinos. Como cualquier habilidad, sin embargo, puedes aprender a ser mejor oyente trabajando duro. Con un poco de dirección y esfuerzo, puedes aprender cómo convertirte en un mejor oyente con el fin de abrir nuevas relaciones con las personas en áreas clave de tu vida, así como mejorar las actuales y reforzar viejos lazos.

## Escuchar de manera más efectiva

La escucha efectiva consiste en la capacidad de enfocarse en lo que se está diciendo. Toda comunicación es esencialmente un proceso de un emisor, u orador, información codificada para ser decodificada por un receptor, u oyente. Si un oyente entiende no sólo lo que un orador está diciendo, sino que comprende completamente el punto más amplio que está tratando de establecer, la comunicación entre los dos ha tenido éxito. Aprender a escuchar más eficazmente significa trabajar activamente para mejorar en algunas áreas clave con el fin de asegurarte de decodificar la información correctamente y comprender el punto que el orador está tratando de hacer, tan bien como sea posible. Tu trabajo como oyente es entender, no estar de acuerdo. Simplemente tienes que tratar de entender de donde vienen y escucharlos completamente, de un ser humano a otro, independientemente de si personalmente estás de acuerdo con el contenido de la comunicación.

La concentración mental es importante aquí. Necesitas concentrar toda tu atención en mantenerte al tanto con lo que se está diciendo, en lugar de permitirte pensar en otras cosas o dejar que tu atención divague o se distraiga. Esto puede ser muy difícil de hacer a veces, particularmente cuando estás en un ambiente abrumador o ruidoso donde hay un montón de estímulos diferentes a los que tu mente querrá prestar atención en lugar de lo que dice la persona que estás tratando de escuchar. Si la conversación es importante, siempre es una buena idea asegurarse de que los dos están en un lugar tranquilo para que tengas la oportunidad de escuchar correctamente lo que se está diciendo.

Es un concepto erróneo común que escuchar adecuadamente requiere un silencio total por parte del oyente. De hecho, el silencio total hace que sea más difícil para ambas partes comunicarse, ya que el orador necesitará señales verbales y visuales como afirmaciones positivas de comprensión, contacto visual y asentimientos de cabeza para confirmar que lo que han dicho ha sido entendido. Sin estas cosas, los oradores tienden a dudar de sí mismos y se preguntan si su audiencia está prestando atención o si simplemente están en otro lugar mentalmente. Si estás haciendo un esfuerzo real para entender, puedes reconocer lo que se está diciendo dándole al orador estas indicaciones de que entiendes; este proceso se conoce como audición reflexiva y es una de las mejores cosas que puedes hacer con el fin de mejorar tus habilidades auditivas. Cuando practiques la audición reflexiva, verás que el orador se entusiasma y se siente tranquilo por tu atención, dándole el valor de expresarse plena y adecuadamente, al saber que será escuchado y recibido correctamente. Cuando estás entendiendo correctamente lo que un orador está tratando de decir, tu audición reflexiva será recibida con entusiasmo y confirmación del orador de que estás captando el significado. Del mismo modo, si lo estás malinterpretando, dudará, reiterará sus puntos con diferentes palabras y te ayudará a entenderlo mejor dondequiera que haya puntos de contención.

Si bien no debes permanecer callado, escuchar eficazmente se trata de escuchar más de lo que hablas. Tienes dos orejas y una boca, y debes tratar de utilizarlas en aproximadamente esta proporción tanto como sea posible. Si tienes un punto que quieres hacer o sientes que tienes la respuesta que una persona está buscando, espera tu turno para hablar. No te apresures a interrumpirlos; hablar no es tu papel cuando estás escuchando. Tu función es entender, y llegará un momento en el que podrás hacer cualquier acotación que puedas tener. Incluso puedes descubrir que escucharlos completamente anula la necesidad de decir algunos de tus puntos o incluso cambia lo que deseas decir por completo.

Escuchar es una herramienta extremadamente poderosa. Si alguna vez estás en una reunión con un gran comunicador, notarás que escuchan atentamente y esperan hasta que todos los demás hayan hablado antes de que tomen su turno para hablar. Esto se debe a que entienden el valor de escuchar, de abrir sus oídos y su mente. Les permite hacer una declaración sólo una vez que han escuchado lo que todos los demás tienen que decir, lo que significa que están trabajando con más información de la que tenía cualquier otra persona y pueden construir una respuesta mucho más completa y vigorosa. Tener la paciencia de esperar hasta el final y luego hablar impresionantemente también otorga a estas personas una gran cantidad de importancia y respeto a los ojos de los que les rodean, quienes los verán como la persona más inteligente en la habitación cuando realmente son sólo muy efectivos oyentes.

Cuando no escuchamos correctamente, terminamos recibiendo una comprensión errónea de lo que el orador está tratando de compartirnos. Esto puede llevarnos a hacer suposiciones que no contienen cabida, a desacuerdos innecesarios y evitables, frustración y conflictos entre el oyente y el orador. Si en cambio damos a las personas espacio y tiempo para ser plenamente comprendidos a través de escuchar pacientemente y con toda nuestra atención, podemos tener una comunicación mucho más eficiente y eficaz. Escuchar correctamente requiere toda tu atención: no puedes escuchar a alguien y hacer cualquier otra cosa al mismo tiempo. Dar a las personas el tiempo y el espacio para ser plenamente comprendidos también te beneficiará directamente cuando sea tu turno de hablar, ya que muy probablemente será correspondido por la persona que acaba de escuchar.

## Escuchar de manera más empática

Convertirse en un mejor oyente también se trata de aprender a escuchar más empáticamente. Esto implica hacer una conexión real y tangible con el orador a través del uso de empatía para imaginar vívidamente la forma en la que se sienten acerca de lo que están hablando. Aprender a escuchar más empáticamente es más difícil que aprender a escuchar más eficazmente. Si bien hay algunas herramientas y métodos directamente aplicables para hacer esto, también implica tener un deseo genuino y fundamental de conectarse y entender a la persona que habla. Esta es una habilidad que no se puede enseñar. Tiene que venir desde adentro, de un lugar mucho más profundo que esa necesidad para acceder a niveles más superficiales de cuidado como simplemente tratar de prestar atención. Viene de tener un deseo real de ver la belleza en cada persona, al tener la comprensión de que realmente conectarse y entender a los demás es una cosa hermosa e infinitamente gratificante en sí misma.

Escuchar empáticamente es realmente desear conocer a alguien un poco mejor con cada conversación, cada día que pasas con ellos. Se trata de valorar todo lo que dicen porque son ellos quienes lo están diciendo, independientemente del contenido de lo que expresan. Se trata de abrazar tu papel de oyente por completo y llegar a amar tu rol como el lienzo en el que el orador puede pintar una imagen, una representación de cómo se siente en el fondo. Se trata de permitir que otros se expresen completamente jugando el papel del oyente tan bien como puedas, con total atención y concentración. Ayuda ser realista y entender que nadie es perfecto y todo el mundo cometerá errores o será demasiado rápido para juzgar a alguien o algo, o será arrogante o despectivo; cuando puedes reconocer esto, puedes soportar escucharlos independientemente de lo que digan, incluso si en privado no estás de acuerdo con lo que están diciendo mientras hablan. Permite que haya desacuerdo interno. El desacuerdo es algo bueno. Sin contraste y diferentes puntos de vista, nadie pensaría por sí mismo y nadie aprendería nada. El desacuerdo conduce a una mayor comprensión cuando hay espacio para que la comunicación tenga lugar. Tendrás tu lugar para dar tu punto de vista sobre las cosas si eres paciente. Cuando tengas la oportunidad después de escucharlos, puedes darles tus consejos y comentarios sobre lo que han dicho si crees que les ayudará. Ayuda tomar notas mentalmente de los puntos que están haciendo y luego abordarlos uno por uno de una manera integral.

**Consejo rápido:** Parte de escuchar empáticamente es entender que la comunicación incorrecta ocurrirá en ambas partes, la tuya y la del orador; es sólo una parte natural del acto de comunicación entre dos personas imperfectas y falibles. Por lo tanto, la paciencia y el esfuerzo son de vital importancia en el proceso de comunicación para compensar esto. Tómate el tiempo para escuchar a las personas con las que deseas mantener una buena relación. Haz el ejercicio mental necesario para ponerte en sus zapatos e imagina lo que están sintiendo y por qué. Hazles preguntas donde sientas que deberías, haz que se sientan cómodos y míralos a los ojos. Si haces todas estas cosas, estarás bien en tu camino a convertirte en un mejor oyente.

## Herramientas Importantes para una Mejor Comunicación

Mejorar tu comunicación es una cuestión de poner una buena cantidad de esfuerzo, así como de tener una comprensión de las habilidades, técnicas y herramientas que facilitan la comunicación positiva y saludable. Para saber cómo comunicarse bien, primero hay que tener una comprensión profunda de la comunicación en sí. Una de las claves que necesitas saber con el fin de entender realmente cómo funciona la comunicación es que toda la comunicación es relativa. Nos comunicamos a través de la interpretación; escuchamos algo y lo entendemos a través de cómo lo relacionamos con otras cosas que ya entendemos. Por ejemplo, si estuvieras tratando de explicar algo nuevo a alguien, lo compararías y lo relacionarías con cosas que sabes que ya entienden para ayudarlos a entender lo que quieres decir. Si estuvieras tratando de explicar cómo funciona un deporte, podrías compararlo con otro deporte similar con el que la persona ya está familiarizada para ayudarle a dar forma al concepto que estás tratando de comunicar en su mente. Como resultado de esta interpretación, nunca se recibe ningún mensaje y se decodifica sin un elemento de sesgo. Rellenamos los vacíos de nuestro conocimiento trabajando en cosas con las que ya estamos familiarizados. Esto significa que el mensaje que creemos que recibimos nunca es la realidad objetiva, sino nuestra interpretación personal. La naturaleza relativa de la comunicación significa que siempre pasamos las cosas a través del filtro de nuestra propia interpretación para entenderlas. De esta manera, la comunicación es un proceso activo y participativo. El orador genera significado en la mente del oyente, pero el oyente sólo puede tener significado generado en función de lo que ya entiende.

Otro factor clave que debes entender acerca de la comunicación es que el habla es una parte del pensamiento. A veces, necesitamos hablar para decirnos a nosotros mismos lo que pensamos.

Esto significa que cuando hacemos preguntas a la gente que nunca han pensado antes, puede que hablen antes de pensar qué decir, simplemente porque el pensamiento sólo se les está ocurriendo por primera vez. Ten esto en cuenta cuando hablas con la gente, y haz todo lo posible para no juzgar y se tan imparcial como puedas, tanto interna como externamente.

En 1981, Friedemann Schulz von Thun definió el modelo de comunicación de cuatro lados. Propuso que cada mensaje tiene una o más de cuatro facetas:

1. **Hecho: Lo que informo (datos, hechos, declaraciones, estadísticas)**

2. **Auto-revelación: Lo que revelo sobre mí mismo (información sobre el remitente)**

3. **Relación: Lo que pienso sobre el otro (información sobre cómo llevarse bien)**

### 4. Apelación: Lo que quiero que el otro haga (un intento de influir en el receptor)

Siempre hay una cantidad diferente de énfasis en cada faceta de un mensaje a otro, y este énfasis puede ser pensado y percibido de manera diferente por el emisor y el receptor. Es posible que algunos mensajes no tengan todas estas facetas, pero todos los mensajes tendrán al menos una de ellas. Además, las facetas a menudo están implícitas o inferidas en lugar de ser directamente indicadas.

Por ejemplo, un niño podría decirle a sus padres que su taza de jugo está vacía. Ahora, esto es un hecho, pero también podría contener elementos de las otras facetas. El contexto de un niño diciendo a sus padres que su copa está vacía podría llevar al padre a inferir que su hijo quiere que sus padres llenen su taza con más jugo, lo que la convertiría en una apelación, aunque implícita en lugar de explícitamente indicada. Este mensaje en particular también puede contener elementos de la segunda y tercera facetas, ya que muestra que el niño no está dispuesto a llenar la copa por sí mismo, lo que revela cómo se siente acerca de sí mismo, y también indica que ve a sus padres como los que ocupan ese rol en lugar de él.

Con el fin de hacer la comunicación más eficaz como emisor o receptor de información, puedes pensar en cómo un mensaje se relaciona con cada una de estas facetas con el fin de considerar cuál podría ser el verdadero propósito del mismo, y cómo podríamos malinterpretar lo que otra persona está diciendo porque el mensaje no siempre se correlaciona estrechamente con su intención. Otro factor de este modelo a considerar es que cada individuo tiende a tener uno de los cuatro "tipos" diferentes de oído, que ha entrenado más que los otros. Estos diferentes tipos de oídos son: fáctico, de relación, de auto-revelación y de apelación. La mayoría de las personas tienden a favorecer uno sobre los otros, lo que significa que procesan los mensajes que reciben de acuerdo con uno de estos cuatro tipos de interpretación. El énfasis subyacente del emisor en cada una de las cuatro facetas diferentes de su mensaje, además del oído particular del receptor, significa que una gran cantidad de significado puede perderse efectivamente en la traducción. Por lo tanto, la forma en que interpretamos las cosas puede causar conflictos y cuestiones que no habrían ocurrido si pudiéramos simplemente ver con claridad la verdadera intención y el significado de otras personas. Para comunicarnos de manera sana y eficaz, necesitamos ser conscientes de estas cuatro facetas de los mensajes del emisor, así como de los cuatro oídos del receptor para tener en cuenta cómo nuestras diferencias individuales como personas pueden influir en la forma en que interpretamos un mensaje en particular. Si alguna vez te sientes interrogado, criticado o insultado, considera cómo estos factores podrían estar influyendo en ti mismo y en la persona con la que estás hablando. Ambos podrían simplemente estar interpretando el mismo mensaje de dos maneras diferentes, sin considerar cómo lo interpretará la otra persona.

Algunos consejos para comunicarse mejor incluyen:

- **Hablar frente a frente**: Si es posible, siempre debes tratar de decir lo que necesita ser dicho en persona, en lugar de escribirlo en una carta, texto o correo electrónico o hablar por teléfono. La comunicación es una experiencia muy personal y compleja. Hay mucha información que no se puede transferir solo a través de palabras, sino que depende del tono y el lenguaje corporal. Si alguna vez has intentado ser sarcástico y has descubierto que se interpreta mal de manera escrita, sabrás a lo que me refiero.

- **Encontrar (y crear) el momento adecuado**: Si algo vale la pena decir, entonces vale la pena tomarse el tiempo para decirlo correctamente. La buena comunicación no se precipita ni se apresura.

Se necesita espacio y tiempo para expresar y recibir correctamente un mensaje con un mínimo de malentendidos. Si no asignas el tiempo adecuado para comunicarte correctamente con las personas con las que necesitas comunicarte bien y mantener algún tipo de relación, tanto los mensajes en sí como la relación sufrirán.

- **Utilizar la tecnología de manera eficiente y eficaz**: La tecnología puede ser extremadamente útil, pero debe utilizarse para aumentar y mejorar la comunicación cara a cara en lugar de reemplazarla por completo. Puede utilizar textos y correos electrónicos hasta cierto punto con el fin de organizar asuntos y transferir datos que se envíen más fácilmente de forma electrónica que verbalmente, pero no caigas en la trampa de pensar que estas formas de comunicación son un buen reemplazo en lugar de hablar frente a frente.

- **Pedir claridad si es necesario**: Una gran cantidad de malentendidos proviene de personas que se alejan de una interacción sin una comprensión clara de lo que la otra persona estaba tratando de decir. Pueden sentirse incómodos de pedirle a la otra persona que se explique de nuevo después de que ya hicieron el esfuerzo de hacerlo, o pueden preocuparse de que la otra persona se moleste o piense que no estaban prestando atención. Independientemente de la razón por la que la comunicación no fue efectiva, lo peor que se puede hacer es alejarse con la idea equivocada o una comprensión incompleta del mensaje. Siempre es mejor pedir claridad si no estás seguro; no debería avergonzarte el no entender lo que se estaba diciendo. La comunicación puede ser increíblemente difícil, y todos experimentan conversaciones fallidas de vez en cuando. Si la otra persona se irrita o se molesta por la falta de comprensión, recuerda que la forma en la que se sienten depende de ellos y que nadie es perfecto. Todo el mundo comete errores o pierde la concentración o no entiende lo que se dice de vez en cuando.

- **Respetar y tratar de entender las diferencias culturales**: La forma en que hablamos y la forma en que escuchamos y entendemos las cosas está moldeada por la cultura en la que nos criamos. Las diferencias entre culturas a menudo pueden conducir a interpretaciones diferentes del mismo mensaje, lo que por supuesto puede resultar fácilmente en un malentendido. Siempre que estés hablando con alguien con una perspectiva cultural diferente para ti, asegúrate de tener en cuenta las diferencias culturales entre ustedes dos. Trata de entender quiénes son y adaptarte a ellos tan bien como puedas, ya sea repitiendo tu explicación de las cosas en una manera diferente y comprobando que entienden, así como pidiendo aclaraciones de ellos cuando tú estás escuchando.

- **Evitar la comunicación estando hambriento, enojado, estresado o cansado**: La comunicación se realiza mejor cuando ambas partes se sienten mental y emocionalmente tranquilas y equilibradas. Este estado de ánimo proporciona un umbral natural de paciencia, capacidad de comprensión y buena voluntad que hacen que la comunicación sea una experiencia más agradable, fácil y fluida. Sin embargo, si tienes hambre, estás cansado, estresado o enojado, este umbral se vuelve frágil. Es extremadamente difícil ser paciente y comprensivo cuando estás de mal humor y sufriendo de uno o más de estos estados agitados. La comunicación en esos momentos rara vez es eficaz y a menudo conduce a problemas, así que trata de evitar tener conversaciones importantes cuando estés en este estado tanto tiempo como puedas. En su lugar, tómate el tiempo para refrescarte y recuperarte y acercarte a las cosas una vez más cuando sientas que estás más dispuesto.

- **Decir la verdad:** Si no haces todo lo posible para apegarte a la verdad cuando estás hablando, puede y eventualmente regresará por ti. Cuando mientes u ocultas la verdad a los demás, sólo lo haces más difícil a largo plazo para ti. La gente encontrará agujeros en tus historias y los podrá aparte, dejándote en una posición muy incómoda y difícil. Mentir a menudo implica tener que mentir una y otra vez para mantener la mentira, que puede muy rápidamente salirse de control y resultar en que tengas que sostener historias muy elaboradas y realizar un seguimiento de las mentiras que has contado con el fin de evitar equivocarte. No sólo es una manera increíblemente estresante y una manera innecesaria de vivir, sino que dificulta la comunicación efectiva, pondrá una tensión en las relaciones que tienes con las personas y alejará de ti a las personas que te importan con el tiempo. Una persona es tan buena como su palabra, y cuando pierdes la confianza de alguien pierdes su respeto.

- **No reprimir los sentimientos**: Si guardas tus sentimientos y lo ocultas a la gente, no desaparecerán. La presión se acumulará y envenenará tu mente, manifestándose a través de efectos secundarios como la irritabilidad y la falta de paciencia. Y no puedes mantener el cómo te sientes oculto por mucho tiempo. Todo emergerá eventualmente cuando algo suceda y simplemente no podrás contenerlo por más tiempo, y esto rara vez sucederá en una situación que elijas. Es mucho mejor desahogar tus sentimientos con las personas cercanas a ti antes de que tengan la oportunidad de acumularse y derribarte internamente.

- **Esforzarse para evitar quejarse:** Todo el mundo necesita desahogar sus sentimientos de vez en cuando, pero hay un tiempo, lugar y contexto para esto. Si te quejas constantemente (especialmente con la persona equivocada o en el contexto equivocado) te percibirás como negativo, agotador y una carga. Nuestros problemas a menudo se sienten abrumadores, y hablar de ellos nos ayuda a sentirnos mejor, pero hacer esto excesivamente y en un ambiente no muy adecuado para ello puede hacer que otras personas no quieran estar a nuestro alrededor. Todo el mundo tiene problemas, y todo el mundo debería poder hablar de ellos para sacarlos de su pecho. Si siempre te quejas de los tuyos y pones tus propios problemas por encima de los de otras personas, sin embargo, el efecto que tendrás en las siguientes interacciones con las personas será negativo y otros comenzarán a alejarse de ti.

- **Tratar de mantener una actitud positiva**: Por encima de todo lo demás, una actitud positiva te llevará por un largo camino en la comunicación y en la vida. Comunicarse con las personas puede ser un esfuerzo muy difícil y agotador, por lo que abordarlo con el estado de ánimo adecuado es esencial para tener la paciencia y la perseverancia para realizarlo hasta el final. Tienes que aceptar que a veces será difícil y que a veces no querrás hacerlo. Al final del día, sin embargo, es parte de ser humano, y sin él, no serías capaz de apreciar la vida de la misma manera. Acéptalo por completo, acepta lo positivo y lo negativo, y permítete asumir el desafío cada vez.

## Herramientas de Comunicación Adicionales

Hemos reunido algunas herramientas útiles que te ayudarán cuando estés discutiendo con alguien y te encuentres en callejones sin salida dentro de tu comunicación.

- **Sostener un objeto para hablar**: Esta es una herramienta estándar en terapias de conversación en grupo y por una buena razón; es extremadamente eficaz. Es una premisa relativamente simple: para hablar, tienes que estar aferrándote a cierto objeto que se pasa de un lado a otro entre cada participante de la conversación. Esto ayuda a dar a las personas el tiempo y el espacio para expresar lo que tienen en mente y reunir sus pensamientos sin ser interrumpidos.

- **Escribir ciertas cosas para ordenar pensamientos o expresarlos mejor**: Si tú u otra persona está luchando para encontrar las palabras correctas para expresarse adecuadamente, intenta escribir tus pensamientos con el fin de calmarte y pensar más claramente. Esto puede ser especialmente útil cuando estás teniendo conversaciones difíciles donde hay un montón de emociones complejas y fuertes con las que tienes que trabajar.

- **Tomarse un tiempo libre cuando se discuta para calmarse:** Si estás involucrado en una discusión, siempre es una buena idea tomarse el tiempo para calmarse en lugar de continuar con una conversación cuando las voces se alzan y los temperamentos se desbordan. Calmarte permitirá abordar la conversación en un estado mental más uniforme y equilibrado.

## Comunicarse a través del Conflicto y Emociones Difíciles

La comunicación puede ser difícil en el mejor de los momentos, pero cuando hay conflictos y emociones difíciles involucradas, puede ser prácticamente imposible. Sólo tienes que echar un vistazo a la historia de la humanidad o ver las horribles guerras y luchas en todo el mundo hoy en día para presenciar la completa destrucción y el terror que puede ocurrir cuando la comunicación se quiebra y la gente decide usar la violencia y la fuerza para proteger sus propias ideas, voluntad y dominio sobre los demás. Para aprender cómo comunicarnos a través de conflictos y emociones fuertes, primero tenemos que mirar el trasfondo de estas dos cosas y cómo se combinan para formar complejos tan poderosos.

El mayor conflicto en última instancia se deriva de emociones difíciles que se construyen en nuestra propia naturaleza. Aunque a menudo nos gusta pensar en nosotros mismos como altamente evolucionados y superiores a las otras formas de vida con las que compartimos nuestro mundo debido a nuestra capacidad de pensar, hablar y usar herramientas para construir cosas, la verdad es que en el fondo somos tan primitivos, básicos, controlados por nuestros instintos, e impulsados por nuestros sentimientos como cualquier otro animal en esta tierra. Las ilusiones que nuestras sociedades y culturas crean actúan como un escudo mental, haciéndonos pensar que estamos por encima de ser condicionados por tales deseos primarios. La verdad, sin embargo, es que estamos genéticamente codificados para seguir nuestras emociones e impulsos primitivos, y no hay absolutamente nada que podamos hacer al respecto aparte de un intento de manejarlo y mantenerlo en control. Aunque la gran mayoría de la gente piensa lo contrario, no somos las criaturas lógicas, racionales y con raciocinio que nos gusta pretender que somos. Podemos ser todas estas cosas hasta un punto, pero es artificial. En el fondo, estamos gobernados por nuestros sentimientos más que por los pensamientos. Reemplazar estos sentimientos y evitar que corrompan y nublen nuestra visión de las cosas es casi imposible, incluso el monje budista más dedicado te lo dirá.

Somos propensos por nuestra propia naturaleza a falacias lógicas y múltiples tipos de pensamiento sesgado. Hay una buena razón para esta naturaleza; nos ha mantenido vivos a lo largo de millones de años de evolución. El interés propio está conectado a nuestro ADN. Cada uno de nosotros tiene una parte del cerebro primitiva, cerca del propio tallo cerebral, que es responsable de algunas de nuestras emociones más elementales y poderosas como el miedo y la ira. Estas son las emociones que han ayudado a mantener vivos a nuestros antepasados desde los primeros días de las formas de vida complejas, cuando eran muy diferentes a la forma humana moderna que tenemos actualmente. Esta parte primitiva de nuestro cerebro no es capaz de acceder a funciones cognitivas más altas como el pensamiento y el razonamiento; estos tienen lugar en el lóbulo frontal. La parte primaria y reptil de nuestro cerebro se ocupa de las emociones y los sentimientos, y es mucho más fuerte que nuestras funciones superiores, lo que significa que nuestros sentimientos y emociones pueden fácilmente abrumar y anular nuestra capacidad de razonar y usar la lógica. Este sesgo cognitivo ha evolucionado para asegurar nuestros intereses propios, independientemente de cómo afectan a los demás. Como animales sociales, formar parte de un grupo es esencial para nuestra supervivencia. Solos, moriríamos de hambre. Sin embargo, junto con otros podemos especializarnos y distribuir labores, en beneficio de todos. Nuestra evolución nos ha formado para reflejar esta prioridad. Naturalmente somos propensos al tribalismo y a una mentalidad grupal de "adentro o afuera", algo que también se conoce como "ellos y nosotros", si alguien no es parte de tu grupo y no está de tu lado, es un enemigo.

Otros ejemplos del sesgo cognitivo y las falacias lógicas a las que estamos propensos son numerosos. Es más probable que creamos lo que la gente que nos rodea cree, tanto en términos de nuestra familia y amigos o compañeros como de nuestra amplia sociedad, culturas y subculturas en conjunto. Esto proviene de nuestros instintos tribales; si todo el mundo lo está haciendo, significa que es seguro. Si es seguro, no es una amenaza, así que está bien. Sin embargo, si identificamos algo desconocido y ajeno a las personas que nos rodean, es una amenaza. También es más probable que creamos algo si hemos estado expuestos a él antes, independientemente de cómo nos sintiéramos al respecto entonces. Por ejemplo, si alguien nos dice que el mundo es plano o que las vacunas causan autismo, podríamos calificarlo como un excéntrico. Después de una exposición repetida a estas creencias, sin embargo, comienza a ganar valoración en nuestra mente, al encontramos bajo la impresión de que muchas personas tienen estas creencias, y si mucha gente cree en algo, creemos que debe haber algo en ello, porque seguramente tanta gente no puede estar equivocada sobre algo, ¿no es así?

La tendencia a caer en este tipo de pensamiento dualista, blanco y negro está integrada en nuestros genes. Nos protege, física y emocionalmente, y conduce a una gran cantidad de conflictos. Nos hace mantener una postura rígida una vez que pensamos que tenemos razón, dejándonos incapaces de considerar puntos de vista opuestos. Nos volvemos rigurosos e inflexibles, completamente convencidos de que nuestro punto de vista es correcto y de que todos los demás están equivocados. En realidad, sin embargo, no existe tal cosa como estar completamente bien o mal. En lugar de ser blanco y negro, estas cosas de hecho son grises en diversas tonalidades. Una persona o punto de vista puede tener razón sobre algunas cosas y estar mal acerca de otras, y los puntos de vista opuestos tendrán esto en común. Hay diferentes niveles de matiz, complejidad y sutileza incorporados en cada punto de vista y actitud. Cuando no podemos considerar o entender puntos de vista sin aceptarlos ni rechazarlos, hemos perdido nuestra capacidad de pensar críticamente y formular argumentos basados en su mérito y juzgarlos individual, objetiva e imparcialmente. Nos atrincheramos en una manera particular de pensar y totalmente absortos en una creencia sin darnos cuenta de lo estrecha que se ha vuelto nuestra mente. Nos volvemos reacios o incapaces de negociar o ver cómo ambas partes pueden estar bien y equivocadas al mismo tiempo; este no es un buen estado de ánimo para la comunicación, lo que implica entender que siempre hay más que aprender.

Nuestras emociones más difíciles y dolorosas también son nuestras emociones más poderosas como resultado de nuestra biología evolutiva, y por una buena razón. Son las responsables de mantenernos vivos, desde los días en que tuvimos que huir de leones y lobos en llanuras cubiertas de hierba, y mucho antes. La ira y el miedo forman una parte vital de nuestra respuesta de lucha o huida, que nos permite mantenernos firmes y luchar hasta la muerte o huir para salvarnos en situaciones peligrosas. Estas emociones difíciles provocan y catalizan los conflictos cuando no las controlamos o las procesamos de una manera saludable. Cuando alguien dice o hace algo que percibimos como una amenaza, física o emocionalmente, nos ponemos a la defensiva. Nuestras emociones se desencadenan y nuestra respuesta surge del miedo y la ira en lugar de una posición de raciocinio. Cuando estamos en un estado emocional saturado, nuestras decisiones se alejan de nosotros a medida que nuestro cerebro reptiliano toma el control de nuestro lóbulo frontal. Vemos que nuestras opciones se estrechan y se polarizan cada vez más, haciendo que parezca que un estallido de agresión es la única opción que tenemos en respuesta a una amenaza. Cuando estamos en este estado altamente saturado, somos como un volcán listo para hacer erupción. Nuestra energía y emociones acumuladas tenderán a salir por la ruta más fácil; que suele ser a través de una explosión, en lugar de la calma, particularmente si todavía estamos en una situación donde percibimos en alguna medida, una amenaza para nosotros.

Este conflicto nunca es productivo incluso cuando es en interacciones con extraños o personas que realmente no nos importan. Cuando es con nuestros amigos y familiares, sin embargo, puede ser extremadamente hiriente. Hay pocos sentimientos peores que darnos cuenta de que nuestras emociones han sacado lo peor de nosotros y hemos arremetido y lastimado a las personas que más amamos en este mundo. Para poder comunicarnos a pesar de los conflictos derivados de nuestras emociones difíciles, tenemos que ser capaces de procesar nuestras emociones de una manera saludable. Tenemos que aceptar que están ahí y que siempre nos influirán, para realmente empezar a vivir en armonía con ellas, en lugar de dejar que nos controlen y gobiernen. Si no podemos manejar nuestros sentimientos y lograr el equilibrio emocional, estos se manifestarán en nuestro comportamiento de maneras que conducen y perpetúan el conflicto.

Vale la pena mencionar aquí que no todo el mundo es capaz de ver ambos lados de una discusión al mismo tiempo. Las personas que sufren de enfermedades mentales o trastornos de la personalidad como el trastorno límite de la personalidad, o TLP, tienen cerebros que están conectados de tal manera que equilibrar y controlar las emociones simplemente no es algo que puedan hacer de la misma forma que otras personas lo hacen. Las personas que sufren de estas condiciones tienen que trabajar mucho más duro para regular su vida emocional y tendrán días en los que simplemente no puedan tener autocontrol en absoluto.

La mala comunicación puede provocar conflictos y empeorar un conflicto existente. El conflicto puede mermar nuestra capacidad al comunicarnos, lo que puede conducir a ciclos viciosos donde nuestra falta de buena comunicación empeora aún más el conflicto, lo que conduce a una comunicación aún más pobre, y así sucesivamente. Cuando estamos saturados emocionalmente e involucrados en un conflicto, lo último que queremos hacer es calmarnos, sentarnos y hablar de las cosas de una manera razonable. Casi parece risible en ese momento, como una mala broma, porque todo lo que queremos hacer es gritar y defendernos y dominar a los demás y hacerles ver que nuestros puntos de vista y nuestros propios intereses son más importantes y correctos que los suyos, porque para nosotros, lo son.

## Cómo Comunicarse a través del Conflicto y las Emociones Difíciles

Ser capaz de hablar y escuchar en medio del conflicto cuando las facultades de razonamiento del cerebro están siendo secuestradas por una emoción abrumadora es difícil, pero se puede lograr. La comunicación positiva en este contexto consiste en tratar de mantener la calma suficiente para permitir que su lóbulo frontal permanezca en control de la situación y de sus emociones y evitar que saquen lo peor de ti.

Controlar tus emociones se puede lograr al enfocarse en la respiración y en el cuerpo, una actividad conocida como meditación. Puedes usar esto como una herramienta cuando te sientes muy cargado emocionalmente y convertirlo en una parte regular y frecuente de tu vida. Es una manera brillante de ponerse en contacto contigo mismo y aprender a controlar tu mente y tus sentimientos de una manera positiva. La meditación toma muchas formas, pero uno de los tipos más populares y eficaces se conoce como meditación *mindfulness* o de atención completa. Esta es una especie de concentración completamente enfocada en toda tu plena conciencia y estar en tu cuerpo y tu entorno inmediato. Ayuda a calmar y tranquilizar tu mente, y a enfocarte en vivir en el momento, que se conoce como ser 'consciente'.

A continuación una guía paso a paso para la meditación:

1. **Cierra los ojos y mantente quieto en algún lugar cómodo. Trata de mantener la espalda recta, te ayudará a enfocarte**

2. **Permite que tus pensamientos y sentimientos vengan a ti. No trates de alejarlos**

3. **Observa tus pensamientos y sentimientos, pero evita etiquetarlos o juzgarlos**

### 4. Vuelve al punto de la conciencia presente cuando te des cuenta de que te distraes con tus pensamientos

También puede que repetir un mantra o una frase para ti mismo sea útil. Esto puede permitirte concentrarte en las palabras que estás diciendo y el sentimiento particular que le atribuyes, en lugar de las otras emociones más difíciles que estás sintiendo. Con el fin de realmente obtener el control de tus emociones y aprender a equilibrarlas, necesitas trabajar a través de tus sentimientos de forma independiente y tratar de averiguar por qué es que te sientes de cierta manera. La forma en que sientes es importante para otras personas; es significativo darse cuenta de que es así tanto porque realmente se preocupan por tu bienestar mental y emocional, así como porque la forma en la que sientes los impacta directamente a través de tu comportamiento. Tus sentimientos son dignos. Trata de discutir tus sentimientos desde tu propio punto de vista con las personas con las que sientes que puede ser más abierto y estar dispuesto a soluciones. El objetivo es un equilibrio emocional y la regulación.

Si estás luchando para comunicarte a través de conflictos o emociones fuertes y difíciles, puedes tomarte un descanso durante el tiempo necesario para permitirte calmarte antes de regresar a hablar del tema. No hay ninguna vergüenza en esto. A veces es eso o perder los estribos por completo.

## Ayudar a Otros a Comunicarse en Circunstancias Difíciles

Cuando se trata de lo que puedes hacer por otros para ayudarlos a comunicarse cuando son menos capaces de hacerlo, lo más importante que puedes hacer es ser paciente. Necesitas darle a la gente el tiempo y el espacio para que asuman la manera en la que se sienten, en su propio tiempo y a su manera. Si se sienten presionados de tu parte, se sentirán aún menos capaces de comunicarse y se reprimirán aún en sus emociones y hostilidad. En su lugar, debes mostrarles que te preocupas por ellos y que solo quieres hacer lo posible para ayudar, y si eso significa darles tanto tiempo como necesiten, así será.

Haz todo lo posible para mantener la calma y hablar en voz baja. Trata de no juzgarlos a ellos o a ti mismo. No te pongas a la defensiva ni te ofendas ante las cosas que podrían decir en el calor del momento. Si puedes ser abierto y honesto contigo mismo, puedes inspirar a la gente a reflejar esos mismos principios de vuelta a ti. Debes intentar mostrar empatía y la capacidad de negociar y considerar otros puntos de vista diferentes. Al mostrar amor y bondad y abstenerse de presionar a la persona demasiado duro, les permites asumir sus sentimientos a su propio tiempo. Con tu aliento y apoyo, llegarán a lidiar con sus emociones de una manera que tenga sentido para ellos con el tiempo. Su comunicación emocional mejorará, y desarrollarán una mayor capacidad para percibir, facilitar, entender y manejar la forma en la que se sienten.

## Cinco Pasos Para una Crítica Positiva en las Relaciones

Una de las causas más comunes de conflicto en el contexto de una relación es la crítica. A nadie le gusta sentirse criticado, pero que te digan honestamente cuando puedes mejorar es la causa principal para superarse personalmente. Es difícil ser imparcial u objetivo uno mismo, así que necesitamos que la gente nos indique cuando podemos mejorar.

Si tu pareja y tú están experimentando un conflicto constante en tu relación, podría ser porque tus críticas los hacen sentirse bajo ataque y hace que se pongan a la defensiva. Puedes evitar esto siguiendo estos cinco pasos para la crítica positiva:

1. **Tranquilízate antes de presentar una queja**: Cuando notas algo que tu pareja ha hecho que crees que está mal, es fácil sentirse molesto o incluso enojado. Esto puede traducirse mal y causar resentimiento y hostilidad. Toma unos minutos para tranquilizarte y situarte en un estado mental propicio para discutir las cosas. Piensa en lo que quieres decir, y trata de pensar en un buen recuerdo que tengas con ellos antes de mencionar lo que quieres decir.

2. **Usa enunciados con "Yo"**: Esto ayudará a expresarte al hablar de las cosas desde tu punto de vista, lo que podría ayudar a tu pareja a no sentirse como si estuviera siendo atacada. Habla acerca de cómo las cosas te hacen sentir o cómo te parecen, en lugar de hablar de ellas como si fueran una verdad objetiva. Esto puede ayudar a tu

pareja a ponerse en tus zapatos, y es menos probable que tenga una reacción defensiva.

3. **Sé específico:** Menciona cualquier problema tan pronto ocurra, y habla sólo sobre un incidente específico. Evita mencionar cosas del pasado o hacer generalizaciones arrolladoras como "nunca limpias después", ya que hacer esto sólo empeora las cosas. Este paso mantendrá la interacción a baja intensidad. No todo tiene que ser fatalidad y oscuridad, son sólo dos adultos que se aman y se preocupan el uno por el otro, ayudándose mutuamente a satisfacer mejor sus necesidades.

4. **Habla de lo que necesitas, no de lo que no:** El punto de criticar en primer lugar es ayudar a tu pareja a mejorar. Tienes que tratar de hacer que tu crítica sea constructiva y creativa, en lugar de usarla como una oportunidad para elegir imperfecciones en tu pareja. Diles cómo

preferirías que hicieran algo, en vez de enfocarte en lo que no te gusta que hagan.

5. **Sobre todo, sé amable:** Cuando nos sentimos heridos, es fácil olvidar las cosas que amamos de nuestra pareja. Nuestra visión se estrecha hasta el punto en el que todo lo que podemos enfocar son sus imperfecciones, lo que resulta en nosotros tratándolos con menos bondad y compasión de lo que nos gustaría y de lo que merecen. Piensa en cómo preferirías que hubiesen planteado un problema, y hazlo de esa manera. Trata de mostrarles tanto amor y amabilidad como sea posible. Recuerda que se trata de ustedes dos contra el problema, no uno contra el otro.

# Capítulo Cinco:
## Confianza, Honestidad y Respeto

Después de la comunicación en sí, la confianza, la honestidad y el respeto son los factores más importantes en cualquier relación, pero esto es especialmente cierto en las relaciones románticas. Estas tres cosas forman la base del vínculo que compartes con tu pareja, y sin alguna de ellas, una relación será dañina, tóxica y condenada al fracaso.

### Cultivar la Confianza en la Relación

Se debe ganar la confianza genuina. Tiene que ser en ambos sentidos; ambas partes deben ser capaces de confiar el uno en el otro si van a hacer que su relación funcione. Construir confianza requiere tiempo y esfuerzo. Piensa en ello como una cuenta de ahorros; haces pequeños depósitos a menudo, y con el tiempo el saldo crece. Es lo mismo con la confianza. Hay algunas cosas que puedes practicar de manera consistente y frecuente que te ayudarán a cultivar la confianza que compartes con tu pareja poco a poco durante un largo período de tiempo. Todo lo que puedes hacer es dar tu mejor esfuerzo, pero con el fomento y la demostración de los principios que valoras, tu pareja será capaz de imitar tu comportamiento y ayudar a construir la confianza en ellos.

- **Haz lo que dices:** Sé una persona de palabra. ¿Cómo puedes esperar que tu pareja confíe en ti si no eres confiable? La integridad personal es extremadamente importante: es una medida de tu carácter. Si tu pareja no puede creer que te tomas tu integridad en serio, no podrán confiar en ti.

- **Sé honesto:** No importa qué, tienes que ser abierto y honesto. Si te equivocas, cometes errores o no puedes apegarte a tu palabra, entonces acéptalo. Discúlpate, explícate y siempre di lo que piensas, no importa lo difícil que sea.

- **Sé genuino:** No sientas que tienes que ser feliz y sonriente todo el tiempo. Sé tú mismo, sé fiel a ti mismo y no te dejes sentir presionado para fingir ser alguien más. Si estás molesto, o aburrido, o enojado, entonces acéptalo. Que fluya, acógelo. No hay nada peor para una relación o para ti mismo que fingir ser alguien que no eres. Si es tu relación la que te está afectando, no trates de ocultarlo. Hay problemas allí que necesitan ser abordados y pretender que estás bien solo alarga el problema.

- **Deja entrar a tu pareja:** Construir confianza se trata de tener intimidad y cercanía. Se trata de que tú y tu pareja se conozcan, así como ustedes, se conozcan a sí mismos. La confianza no es un sentimiento, sino un estado de confianza mutua que viene con el estrecho vínculo de la intimidad, de conocerse por dentro y por fuera. Dejar que otra persona entre en tu vida emocional interior no siempre es fácil, pero incluso poco a poco mejora con el tiempo. Una vez que comiences a dejarlos entrar detrás de los muros que levantas para todos los demás, tu relación realmente comenzará a prosperar y florecer.

- **Déjalo ir:** Todo el mundo tiene bagajes, y pocas personas realmente se encogen de hombros y lo dejan atrás. Es más fácil decirlo que hacerlo, pero para avanzar y abrir nuevos caminos, tienes que esforzarte al máximo para no estancarte en el pasado. Lo hecho, hecho está, y no se puede cambiar. Lo importante es el presente, y eso puede ser tan hermoso como te lo propongas.

- **Recuerda que ambos son simples humanos**: Si esperan la perfección de alguien, y en especial de su pareja, se van a decepcionar mucho. Simplemente no es posible. Cada uno tiene sus defectos. Todo lo que realmente puedes pedirle a tu pareja es que hagan todo lo posible para ser mejor. Si lo mejor no es lo suficientemente bueno, está bien. Algunas cosas no están hechas para ser. Trata de evitar caer en la trampa de criticar cada pequeño defecto que notas en tu pareja. Ser estricto y esperar que estén a la altura de estándares imposiblemente altos no es propicio para una relación saludable y satisfactoria.

- **Prepárate para dar el beneficio de la duda:** Todo el mundo comete errores, y tu pareja lo hará también. Cultivar una confianza genuina y duradera en los demás consiste en poder darse el beneficio de la duda cuando las cosas van mal y los sentimientos se lastiman. La mayoría de las veces cuando cometemos errores nunca queremos que nadie salga lastimado; pero simplemente sucede. También va a suceder en tu relación, así que tienes que estar preparado para perdonar y confiar incluso cuando te hayan hecho dudar de ellos a través de sus acciones.

## Construir un Entorno Seguro

Una sensación de seguridad emocional y física es esencial para la salud de cualquier relación romántica. Si ambas personas no se sienten seguras y a salvo una con otra, su relación es tóxica. Necesitamos sentirnos seguros alrededor de las personas que amamos y con las que pasamos la mayor parte de nuestro tiempo. Tenemos que sentirnos libres de ser nosotros mismos y fracasar y cometer errores y saber que no importa porque nuestro compañero nos respalda sin importar lo que pase. Nuestras relaciones deben ser espacios seguros, donde nos sentimos totalmente escuchados, comprendidos y apoyados.

Para algunas personas, este puede ser un concepto difícil de entender y poner en práctica en el contexto de una relación. Implica dar a la otra persona el espacio para ser ellos mismos y ser libre de crecer sin obstáculos. Para las personas que son demasiado críticas y obsesionadas con que su pareja esté lo más cerca posible del ideal, no es algo que hagan bien. Sus constantes intentos de explicar exactamente lo que no les gusta de su pareja y lo que les gustaría que fuera diferente termina sofocando al otro; la otra parte se siente atrapada, como si no hubiera nada que pueda hacer para complacer a la persona que ama, y como si nunca fuera lo suficientemente buena para satisfacerlo.

Tener este tipo de atmósfera en una relación es corrosivo y tóxico. Piensa en las personas plantas: necesitan espacio y los nutrientes y la luz adecuados para crecer. Si las condiciones no son las correctas, se marchitarán, incapaces de prosperar a su máximo potencial. Las relaciones consisten en ayudarse mutuamente, apoyarse mutuamente y permitirse unos a otros el apoyar y florecer en todos los aspectos de sus vidas. Un entorno seguro y de apoyo es necesario para que una relación se ancle en bases sólidas que puedan seguir creciendo y floreciendo. Tal entorno necesita previsibilidad y calidez, con la capacidad de hacer lo que te hace feliz sin sentirte juzgado. Una relación debe ser un lugar de empatía y bondad amorosa, donde eres libre de fracasar y cometer errores y ser menos que perfecto mientras eres capaz de crecer y aprender y levantarte de nuevo con el amoroso apoyo mutuo y el respeto de tu pareja.

Construir un entorno como este en tu relación es una cuestión de mirarse a sí mismo, en lugar de mirar el comportamiento de tu pareja, y darse cuenta de que requiere trabajo mutuo de ambos con el fin de hacer de la relación un lugar seguro y a salvo. Mucha gente siente que su pareja tiene la culpa de la mayoría o de todos los problemas de su relación, lo cual nunca es la verdad. Sienten que siempre serán infelices a menos que su pareja pueda cambiar, sin entender que están en control de su propia felicidad, sus propios pensamientos, sentimientos, creencias y comportamiento.

Tienes que tomar el control de ti mismo y de tu papel en tu relación. Puedes cambiar la forma en la que actúas y te sientes con pareja y contigo mismo. Puedes empoderarte a ti mismo y aprender cómo llegar a ser más feliz y más completo por tu cuenta, lo que a su vez puede ayudar a incentivar a su pareja. No puedes controlar a tu pareja; no puedes controlar a nadie excepto a ti mismo, pero puedes controlarte a ti mismo e inspirar y animar a tu pareja de esa manera. Cada uno de ustedes es responsable de sí mismos y de viajar juntos y apoyarse y alentarse unos a otros, pero para participar plenamente en el camino de los demás y convertirse en los excelentes compañeros que podrían ser el uno para el otro, necesitan cooperar plenamente en pensamiento y en acción. Deben ser conscientes de las necesidades de los demás y de las diferencias entre ustedes dos. Necesitan encontrarse a la mitad del camino y ser capaces de encontrar puntos en común a través de un compromiso donde ambos pueden ser felices. Tienen que ser capaces de tomar en consideración las necesidades de cada uno y adaptar cualquier diferencia en la expresión de amor o comunicación. Si tu pareja necesita más palabras de elogio, amor y afirmación que tú, entonces debes estar preparado para decir esas cosas más y tu pareja debe estar preparada para aceptar menos de lo que le gustaría, siempre y cuando estés haciendo un esfuerzo para trabajar en ello.

## Reparar la Confianza Perdida

La confianza es el alma de una relación. Una vez que se ha perdido, puede ser muy difícil, si no imposible, recuperarla. A la persona que ha tenido su confianza traicionada le resultará difícil confiar en alguien de la misma manera, pero les resultará especialmente difícil confiar de nuevo en la persona que la traicionó. La confianza perdida es una de las cosas más preocupantes y dañinas que le pueden pasar a una relación. Antes de que se pierda, la mayoría de la gente no ve ninguna razón para dudar de su pareja o sus intenciones. Tienen confianza en ellos, tienen fe en la persona que son y creen que nunca harían nada que pudiera poner en peligro la relación que comparten. Cuando se enteran de que algo ha sucedido y representa un gran agujero en la confianza, como la infidelidad, se sienten como si la persona en la que confiaban, la persona que pensaban conocer, es, de hecho, alguien completamente diferente, alguien que sólo ha estado fingiendo todo el tiempo.

Es por esta razón que el primer paso en la reparación de la confianza perdida es que ambas partes tienen que reconocer la realidad de la situación. La vieja relación se ha ido; está muerta y enterrada. Ahora alguien resulto herido y los vínculos se fracturaron, ustedes dos tienen que tomar una decisión. Tienen que decidir si quieren liberar la relación e ir por caminos separados o tratar de reparar las cosas entre los dos, forjando una nueva relación juntos aprendiendo de los errores que han cometido en el pasado. Esta segunda opción es un proceso increíblemente duro, y es la razón por la que las grandes traiciones de la confianza, tan a menudo representan el final para una relación. Salvar una relación de un evento tan traumático, complejo y confuso como este requiere un compromiso total de ambas partes para explorarse mutuamente y a sí mismas en profundidad con el fin de hacer y responder preguntas difíciles y entender todos los factores que contribuyeron al estado actual de la relación. Ambas partes tienen que ser completamente sinceras y aceptar sus errores.

Tiene que haber honestidad total e incondicional, transparencia emocional y el compromiso verdadero de cambiar y sanar.

Aquí es dónde la comprensión, la empatía y la paciencia son más necesarias que nunca, en ambos lados. Ambas personas necesitan sentir que pueden ser completamente abiertas sin estar sujetas a actos de agravio o venganza. Por supuesto, a nadie se le puede pedir que no se enfade con lo que podría escuchar de un compañero que está siendo completamente honesto y abriendo su corazón, pero tiene que haber un entendimiento mutuo de que todo sale a la luz y es tratado individualmente sin temor a represalias. Conozco muchas parejas donde la admisión o el descubrimiento de la infidelidad condujeron a actos de venganza de parejas heridas tratando de equilibrar el daño. Si vas a salvar una relación, esto no puede suceder. Tiene que haber una atmósfera de perdón y sanación total; una sensación de que pase lo que pase, lo peor ya está detrás. La vieja relación se ha ido, y con ella se tienen que ir rencores y resentimiento. Esto es algo increíblemente difícil de lograr, pero si vas a hacer que funcione tiene que hacerse. Por difícil que sea, no puedes permitirte quedar estancado en lo que ha sucedido. El pasado tiene que quedar en el pasado. No se puede mencionar cada vez que haya una pequeña discusión o la persona cuya confianza ha sido traicionada quiera sacar un as bajo la manga con el fin de 'ganar' un conflicto. Hablas de todo lo que necesitas, diseccionas y discutes todo hasta más pequeño detalle para así aprender las lecciones importantes que hay que aprender, y luego lo guardas todo, lo envías lejos y te comprometes a seguir adelante y vivir en el presente y ver hacia el futuro.

La comunicación se vuelve más vital que nunca para la relación en este momento. Se hace o deshace, por lo que ambas personas necesitan profundizar y comprometerse a luchar el uno por el otro y por el vínculo que comparten; es necesario comunicarse abiertamente y con total honestidad; necesitas desnudar tu alma a tu pareja. Puede ser tentador no permitirse confiar en nada de lo que diga tu pareja, después de todo, parece una persona diferente. Podrían ser capaces de cualquier cosa; la persona que creías conocer y amar no habría sido capaz de hacerte esto. La dura verdad, sin embargo, es que la gran mayoría de las veces, una persona que traiciona en gran medida la confianza en una relación no es un psicópata. Es sólo una persona que cometió un gran error, o una serie de errores. Desafortunadamente, herir a la gente que amas es parte de la condición humana. Todo el mundo comete errores, y nuestros corazones y mentes a veces pueden llegar a ser tan cerradas y absortas por algo, que perdemos de vista el panorama general, y volvemos a nuestros sentidos y a darnos cuenta del gran error que hemos cometido sólo después de que todo está dicho y hecho.

El perdón es el único factor que determinará si la relación puede ser rescatada una vez que se haya perdido la confianza. Para verdaderamente seguir adelante, es necesario que haya completo y mutuo perdón entre ambas partes y consigo mismas; no sólo por la traición de la confianza, sino por todo el dolor que ambas personas se han causado entre sí y a sí mismas a lo largo de toda la antigua relación. Tiene que haber una pizarra limpia, un nuevo comienzo, una oportunidad de dejar atrás el pasado y sanar por completo. Sin embargo, llevará tiempo, y es necesario que haya ciertos aspectos nuevos de la relación que deben ser aceptados. Por ejemplo, no se puede esperar que la persona cuya confianza se traicionó, empiece a confiar en su pareja de nuevo. Así no es cómo funciona. Una vez dañado, doblemente precavido. Una vez que la confianza se ha ido, necesita ser construida de nuevo, y tomará mucho tiempo, trabajo duro y dedicación. La persona que perdió la confianza a menudo necesita total transparencia, incluyendo el poder de acceder a los detalles de la vida personal del culpable, como a su teléfono y redes sociales. Revisar las actividades y las dudas constantes son las consecuencias de haber traicionado la confianza de alguien, pero es necesario que se acepte si la confianza genuina va a tener alguna vez la oportunidad de volver. La víctima necesitará ciertas garantías para ser capaces de confiar en su pareja de nuevo, y eso significa total transparencia, incluso a costa de la privacidad. Es un privilegio de la relación que se abandonó una vez que la confianza se perdió.

Determinar si se puede reparar o no la confianza perdida depende en gran medida del contexto de la ruptura. Los errores únicos, aunque siguen siendo horribles para la víctima, son más perdonables y comprensibles que la mentira repetida y un patrón de engaño. El tiempo que tarda la persona que se equivocó en sincerarse, la naturaleza de la traición de la confianza, y las motivaciones y razones para ello, también entran en juego aquí. Sea lo que sea que una pareja decida hacer en este punto, la sanación debe tener lugar para que ambas personas vivan vidas felices y satisfactorias, independientemente de si sucede juntos o individualmente. La sanación ocurre mejor cuando una persona es capaz de hablar de sus sentimientos con otras personas cercanas a ella. Ser capaz de confesarte con alguien en quien confías y discutir los eventos que te sucedieron en forma de una historia es importante, solo asegúrate de contarlo honestamente, y no permitas hacerte quedar como la víctima, ya que eso solo creará una mentalidad negativa y hará que sientas resentimiento.

La última pieza del rompecabezas cuando se trata de recuperar la confianza perdida es aprender a ser honesto, confiar y respetarse a sí mismo. Esto a menudo se pasa por alto en favor de un énfasis en cultivar estos valores con la otra persona en la relación. Sin embargo, es igual de importante, si no es que más, asegurarse de que tienes una relación abierta, honesta y de confianza contigo mismo. Antes de que puedas mirar hacia fuera y hacer cambios reales y tangibles en la forma de tu vida, primero tienes que aprender a mirar hacia el interior y entenderte a ti mismo.

## Conseguir que tu Pareja se Abra Contigo

La apertura y la intimidad son ingredientes esenciales en una relación sana y satisfactoria. Si hay una distancia emocional entre tu pareja y tú, puede ser difícil tratar de averiguar cómo cerrar las brechas y acercarlos entre sí. Por lo general, no es un caso de deseos diferentes, pues si ustedes dos no quisieran estar más cerca, probablemente no estarían juntos. Es más común que sea simplemente la falta de comprensión de lo necesario para fomentar la cercanía emocional en una relación romántica.

Abrirse a otra persona te pone en una posición muy vulnerable emocionalmente. Es como si te estuvieras quitando la armadura que llevas para protegerte del mundo exterior o cerrando la brecha que usas para mantener la distancia con todos los demás. Al final del día, nadie puede hacerte daño si no los dejas entrar y les das el poder de romperte el corazón. Cultivar la apertura en una relación es, por lo tanto, facilitar la capacidad de tu pareja para ser vulnerable, al ser tú una persona segura y amorosa y crear una atmósfera en la relación donde puedan sentirse seguros y cómodos abriéndose y exponiendo su lado emocional interno. Hacer esto es cuestión de ser una presencia confiable, positiva, calmada y comprensiva para tu pareja, y mostrarle que es seguro abrirse a ti al hacerlo tú primero. Al poner tu corazón en la línea de esta manera y revelar tus pensamientos y sentimientos internos, le indicas a tu pareja que puede hacer lo mismo; tienes tanto que perder como ellos, y estás feliz de arriesgarlo de todos modos.

Crear esta atmósfera positiva y ser una presencia tranquilizadora para tu pareja implica respetar constantemente sus opiniones y sentimientos cada vez que los expresan y mostrar un interés genuino en conocerlos por dentro y por fuera. Implica ser receptivo a lo que tienen que decir y ser capaz de escuchar atentamente sin juzgar o condenar errores que podrían haber cometido o cosas que tal vez no les gusten de sí mismos. Abrirse emocionalmente puede ser algo muy difícil de hacer para alguien, especialmente si no lo ha hecho antes o si ha sido gravemente herido por ser vulnerable en el pasado. Tu función, entonces, es adecuar esta experiencia apoyando y alentando a tu pareja y centrándote en aprender sobre cómo se sienten acerca de ellos mismos, mientras les aseguras que no necesitan juzgarse a sí mismos y que también tienes un montón de cosas que no te agradan de ti mismo. Esta apertura y receptividad con el tiempo ayudará a ajustar la forma en la que tu pareja se siente sobre de sí misma y le permitirá sentirse más relajada con la idea de abrirse. Tu influencia, paciencia y actos de bondad, grandes y pequeños, ayudarán a determinar cuán segura y cómoda se siente tu pareja contigo, y por lo tanto la medida en que realmente pueden revelar su ser emocional interior.

**Consejo rápido**: Cuando una persona se centra en cómo se siente acerca de sí misma, las emociones predominantes que experimentan tienden a ser dudosas y cuestionables, y acomplejadas. Parte de ayudarlos a abrirse a ti es compartir tu propio ser interno con ellos con el fin de permitirles enfocarse en cómo te sientes acerca de ti mismo, cambiando su enfoque y ayudándoles a sentirse más cómodos con la idea de seguir tus pasos. Si te sientes lo suficientemente cómodo como para abrirte sobre ti mismo sin miedo a ser juzgado, entonces lo más probable es que con el tiempo, ellos también lo estarán.

## Manteniéndose Enamorados

Tal vez lo más difícil de aceptar sobre el amor es que nunca puede ser perfecto. Estoy segura de que todos nosotros en un momento u otro de nuestras vidas hemos experimentado ese anhelo de amor perfecto, de nuestra alma gemela, con quien cruzaríamos miradas y caeríamos rendidos a sus pies y luego viviríamos felices para siempre, sin ninguna de las dificultades o momentos difíciles que acompañan a nuestras experiencias de amor en la realidad. La cierto es que nada y nadie es perfecto. No existe tal cosa como un final de cuento de hadas. Hay varias etapas diferentes de madurez en el amor que atraviesan las personas, con diferentes niveles de comprensión mutua y de la relación en cada una.

- **Fase Uno: Anhelo**. Esta etapa representa el comienzo de una nueva relación. A menudo se conoce como el período de "luna de miel" y se caracteriza por fuegos artificiales, pasión y enamoramiento. Sin embargo tiene poca claridad; ninguno de los dos ha comenzado a descubrir la superficie del otro, por lo que hay una baja claridad sobre la relación y una falta de comprensión de cómo sería estar juntos. A pesar de que la relación en esta etapa no ha sido comprobada completamente y ambas personas son esencialmente extrañas entre sí, la intensidad de los químicos del "amor" en el cerebro comúnmente hacen que ambos individuos se sientan como si pudieran estar juntos para siempre.

- **Fase dos: Retribución**. La segunda etapa de una relación comienza una vez que el período de luna de miel llega a su fin. Esta fase se caracteriza por una disminución en el número de sustancias químicas y hormonas que generan “amor” en el cerebro, lo que conduce a una sensación de intensidad baja e incluso frialdad o distanciamiento sentimental en comparación con la primera etapa. La claridad de ambos partes en cuanto al contenido de la relación y del carácter del otro se hace mucho más clara a medida que aprenden el uno del otro. El compromiso de cada persona en este punto se pone en tela de juicio a medida que se enfrentan cara a cara con la realidad.

- **Fase tres: Duradero**. Esta es la etapa final en la maduración de una relación. En este punto, los químicos que generan "amor" en el cerebro dejan de ser relevantes, y la llama de la pasión se consume en un calor ardiente y brillante. En este punto, la claridad de ambas personas en cuanto a la naturaleza de la relación se vuelve cristalina, y su compromiso estable y duradero. Incluso una vez que la relación ha llegado a esta etapa, la pasión puede ser re-encendida de vez en cuando, avivando el fuego y añadiendo más combustible a través de la búsqueda de nuevas formas de vincularse y explorarse entre sí y a la vida con más profundidad. La llama del amor podría consumirse, pero sólo se apaga si lo permites.

Estar en una relación comprometida y a largo plazo implica poner el esfuerzo de mantener vivo el amor. El amor es una elección y una acción, más que un sentimiento. Es una forma de tratar a tu pareja y tener cierta actitud hacia la relación que tienes con ellos. Comprender la verdadera naturaleza de las relaciones y los cambios por los que naturalmente pasan puede facilitar el adaptarse cuando te suceden a ti. Mantener una relación viva y duradera consiste en asumir una posición positiva sobre ella y luchar por añadir el esfuerzo necesario para hacerla funcionar. Casi tienes que actuar como si nunca hubieran dejado de tener citas, continuamente esforzándose por hacer cosas agradables y atentas el uno por el otro sólo porque quieren hacerse felices entre ustedes.

Incluso si te sientes negativo acerca de tu relación, esto puede ser una realización increíblemente poderosa. Tu relación es lo que es. No importa con quién estés, siempre puede mejorar y siempre puede empeorar. Se trata de la forma en la que miras las cosas. El hecho es que sigues con ellos, y si tomas una actitud positiva, el único camino que quedará será mejorar. Siempre es mejor asumir la posición de "mi relación es buena" y luego trabajar para mejorarla, en lugar de buscar maneras de arrastrarla hacia abajo, agujerarla y encontrar defectos en ella.

Mucha gente cae en la trampa de engancharse a la pasión y las endorfinas halladas en la etapa de luna de miel de cada nueva relación y saltar de pareja en pareja, enamorándose una y otra vez hasta aburrirse, buscando constantemente "al indicado" de quien nunca sentirán que su amor se desvanece después de sólo unos meses. Esta mentalidad simplemente no es realista, y sólo te dejará con toda una vida llena de arrepentimiento por las oportunidades perdidas con personas con las que podrías haber hecho que funcionara y haber tenido una relación hermosa y satisfactoria si sólo hubieras tenido la comprensión de que un amor perfecto no es posible encontrar.

Una parte del hecho de que el amor es una elección que haces, es que es una experiencia activa, más que pasiva. Obtienes lo que aportas, y cuanto más lo alimentas y lo nutres más será sustentable. Necesita ser cuidado y cultivado como a un jardín. Si no se cumplen las condiciones adecuadas o no se proporciona el cuidado correcto, una relación puede terminar descuidada y famélica. Hay cinco áreas en particular dónde necesitas centrarte para mantener satisfactorio el vínculo con tu pareja:

1. **Seguridad**: Tiene que hacer que tu pareja se sienta segura contigo y en la

relación. Esto incluye confianza y apertura contigo.

2. **Apreciación**: Tienes que mostrar gratitud a tu pareja por su presencia en tu vida, su apoyo emocional y la amistad que te brindan, y el hecho de no separarse de ti. Es importante validar a tu pareja y reconocer sus sentimientos.

3. **Respeto**: Esto es esencialmente ser amable con tu pareja y considerado de sus necesidades. Implica mantener su confianza, y no venderlos o traicionarlos de ninguna manera. También incluye una consideración de sus opiniones y consultar con ellos antes de tomar cualquier decisión que les afecte a ambos.

4. **Estímulo y apoyo**: Ser una buena pareja para tu contraparte se trata de sostenerlos y apoyarlos contra viento y marea. Necesitarán tu aliento, tu consejo y

ayuda en todos los mejores y peores momentos de su vida.

5. **Dedicación**: Esto también podría ser visto como un esfuerzo, y es uno de los factores más influyentes para mantener vivo tu amor, ya que determina cuánto trabajo estás dispuesto a invertir en tu relación. Sin dedicación y esfuerzo de ambas partes, una relación se detendrá lentamente y terminará con quejas así como con ambas partes cuestionándose por qué vale la pena intentarlo y tomando caminos separados.

**Consejo rápido:** Cada interacción que tengas con tu pareja será positiva o negativa. Será de amor, energía y atención, o de apatía, desinterés e incluso rencor. De esta manera, la base y el carácter de tu relación se construyen en el presente, con las acciones que haces y la actitud que tomas, cada momento. Está construida a partir de los mensajes y las llamadas telefónicas y los pequeños actos de bondad amorosa y consideración. Puedes aportar cierta inspiración, creatividad constructiva y energía positiva a tu relación, o puedes ser destructivo a través del descuido o la malicia, y dejar que se desmorone y se erosione. Tus decisiones son sólo tuyas, y tu relación depende de ti. Puedes cambiar intencionalmente tu actitud hacia tu relación para darle una mejor energía, y tratar a tu pareja como la persona que amas y aprecias. De esta manera, pueden mantener viva su relación y evitar que se agote el amor entre ustedes.

# Capítulo Seis:
## Los Verdugos de una Relación

En esta sección, veremos las cosas que podrían ponerle fin a una relación, ya sea de manera rápida y aguda o lenta y llena de sufrimiento.

### Comportamiento Autodestructivo

Cualquier relación se trata de un vínculo entre dos personas. Cuando la relación es lo suficientemente estrecha, los acontecimientos y circunstancias en la vida de una de las partes en la relación tendrán un impacto en la otra. Esta es la razón por la que el comportamiento autodestructivo puede ser tan determinante de ponerle fin a las relaciones; cuando una persona se encuentra en una espiral descendente, las personas a su alrededor abandonarán la nave en algún momento con el fin de evitar ser succionadas en el remolino de negatividad que la persona autodestructiva representa. El comportamiento autodestructivo causa la destrucción de las relaciones dondequiera que ocurra, y a menudo nos lleva a lastimar a los que más amamos.

La gama de comportamientos autodestructivos es amplia y variada. En esencia, es cualquier comportamiento que termina dando resultados negativos a la persona que lo perpetra, sin importar si era o no su intención. También incluye aquellas actitudes y estados de ánimo que inevitablemente conducen a consecuencias negativas y destructivas para las personas. Algunos de los ejemplos más comunes y debilitantes de comportamiento autodestructivo incluyen:

- **Críticas (ya sean intencionadas o no)**
- **Falta de respeto**
- **Pereza**

- **Necedad por tener razón**
- **Agresividad y rencor**
- **Negatividad**
- **Abuso de sustancias**
- **Egoísmo**
- **Asumir lo peor**
- **Indagar en el pasado**
- **No asumir la responsabilidad de sus propias acciones o culpar a los demás o al mundo por sus problemas**
- **Obsesión con el castigo**
- **Rencores y resentimientos**
- **Arrogancia**
- **Pensar que otras relaciones son mejores**
- **Mentir compulsivamente**

El comportamiento autodestructivo se trata menos sobre los comportamientos individuales y más sobre la actitud que una persona tiene hacia sí misma y hacia las personas que la rodean. Cuando una persona es autodestructiva, tiende a reflejar varios o más de estos atributos en un patrón de negatividad y toxicidad que tiene consecuencias reales para sus propias vidas y para las personas que conoce y con las que tiene relaciones. El efecto neto de ser una persona demasiado crítica, egoísta, perezosa, arrogante, y que siempre tiene que tener la razón es que nadie quiere conocerlos porque son odiosos y menosprecian a todos los demás. Lo mismo ocurre con las personas que siempre son negativas y asumen lo peor de todos y todo, o personas que guardan rencor y están obsesionadas con vengarse. El efecto es el mismo; alejan a todos de ellos y terminan matando relaciones.

Cuando una persona ejemplifica estos comportamientos y actitudes, se lastima a sí misma más que a nadie. La negatividad, la toxicidad y la amargura que irradia de ellos provienen de un lugar de profunda dolor, pero los envenena exactamente de la misma manera que ellos envenenan a todas las relaciones en su vida. Cambiar estos comportamientos dañinos implica que una persona cambie su estado mental y su actitud. Este consejo se ofrece comúnmente y también es común catalogarlo como un disparate, porque seguramente si conseguir ser una persona más feliz y más agradable es tan simple como pensar positivamente entonces sería fácil de hacer, ¿verdad? Incorrecto. Es simple, pero eso no significa que sea fácil. Cambiar una secuencia de comportamientos autodestructivos significa que una persona replantea totalmente su personalidad y el tipo de energía que aporta a sí misma y las circunstancias de su vida en favor de una manera diferente de verse a sí misma y al mundo que les rodea.

Esta puede ser una tarea bastante difícil incluso con terapia y orientación, pero puede ser hecha por una persona sin ayuda de nadie más. Todo lo que se requiere es un deseo de cambiar para mejor, de convertirse en una mejor persona y más positiva. Una vez que este deseo se adhiera al corazón de una persona, será capaz de salir por sí misma de la negatividad y amargura en la que se encuentra, lo que eventualmente permitirá que vea la vida con una perspectiva totalmente nueva. Para hacer esto, esa persona primero debe hacer alguna búsqueda del alma. Tienen que mirarse al espejo y preguntarse qué quieren hacer con la oportunidad que se les ha dado al vivir. ¿Cuál quieren que sea su legado, para ellos y para las personas que conocen? ¿Quieren pasar sus días amargados por el mundo y ser una influencia tóxica en las personas que conocen? ¿O quieren disfrutar de sus vidas y centrarse en ser personas positivas y agradables, que aportan valoración para otras personas y hacen que sus vidas y el mundo sea una experiencia un poco mejor?

Una vez que este deseo está presente en una persona, pueden seguir haciendo grandes avances, primero en la forma en como se ven a sí mismos y luego en la forma en como ven a las otras personas en su vida. Lo necesario aquí es un aprecio por las cosas buenas en la vida, un sentido de gratitud por las hermosas experiencias que podemos tener y las personas increíbles que podemos conocer. Se requiere anhelo de ver lo bueno que hay en el mundo, así como lo malo, y tomar una decisión consciente de centrar atención y energía en lo positivo en lugar de lo negativo. A partir de ahí, los atributos negativos y autodestructivos pueden ser reemplazados por positivos y constructivos. El egoísmo puede ser reemplazado por el desinterés, al actuar para ayudar y asistir a los demás en lugar de preocuparse únicamente por uno mismo. La arrogancia puede ser reemplazada por la humildad, con el entendimiento de que nadie es impecable y que todo el mundo comete errores. El resentimiento puede ser reemplazado por el perdón, avanzando hacia vivir y dejar vivir. Las cosas negativas a las que nos aferramos nos perjudican mucho más cualquier persona, precisamente por esto son tan autodestructivas.

Una gran parte de lo que hace que el cambio positivo sea tan difícil, especialmente después de haber vivido con una mentalidad negativa y amarga durante tanto tiempo, es que cambiar significa tener que aceptar contigo mismo y por consiguiente con el mundo en general que estabas equivocado durante tanto tiempo; que tu negatividad y amargura estaban fuera de lugar, y que en última instancia, fue tu decisión vivir de esa manera, en lugar de que haya sido una carga que te viste obligado a llevar como resultado de los acontecimientos de tu vida y la naturaleza del mundo. Asumir la responsabilidad de todo esto es algo increíblemente difícil y doloroso de hacer, y a menudo es la razón por la que algunas personas cercanas a hacer un cambio positivo en sus vidas, sólo se vuelven renuentes y duplican su miseria en el último obstáculo. Es horrible enfrentar la realidad de que nuestras vidas son regidas mucho más por la manera en que reaccionamos a los acontecimientos en lugar de los acontecimientos mismos que nos suceden, pero es necesario para empezar a vivir realmente bien. A menudo estamos ciegos a las cosas hasta que son reveladas finalmente y todo tiene sentido. A veces necesitamos experimentar las cosas directamente para entenderlas de verdad, y hasta entonces, sólo podemos hacer lo mejor que podamos con lo que tenemos en determinado momento, incluso si esas cosas no son lo mejor para nosotros o para cualquier otra persona; a menudo pensamos que no tenemos más remedio que hacerlas.

## Codependencia

La codependencia es un concepto interesante y complejo que nos da una visión fascinante de la psicología humana. Es un poco como arenas movedizas; una vez que estás dentro, estás atascado, y entre más luchas por liberarte más profundo te succiona. Es una condición conductual en las relaciones donde una persona permite la enfermedad mental, la adicción, la inmadurez o la irresponsabilidad de otra persona. Puede suceder en cualquier tipo de dinámica de relación, comúnmente manifestándose como la dependencia total de una persona hacia su pareja romántica, hermanos, padres, amigos y compañeros de trabajo. También se conoce a veces como "adicción a las relaciones" porque las personas con codependencia tienden a sentir una gran necesidad de formar relaciones unilaterales, emocionalmente abusivas y superficiales con personas que luego pueden manipular para satisfacer sus necesidades. Una persona codependiente hará todo lo posible para apresar y atrapar a las personas en las que pueden apoyarse fuertemente con el fin de mantener sus problemas mentales o de comportamiento mientras tienen a alguien que cuida de ellos y procura que sus necesidades sean satisfechas.

Se ve comúnmente en casos de adicción grave a las drogas, como el alcoholismo, aunque también a menudo aparece en personas con enfermedades crónicas físicas y mentales. Es una dependencia total de otra persona, con la persona codependiente negándose a hacer cualquier cosa para cuidar de sí mismo o valerse por sí sólo, de forma independiente. Las personas con codependencia tienen que encontrar una persona que los cuide, un proceso conocido como "habilitar". Esta habilitación sostiene el comportamiento negativo de la persona codependiente y les permite continuar en su estilo de vida. Las personas atraídas a este papel de habilitador tienden a ser amigos cercanos y familiares del codependiente, y por lo general son personas que sienten cierta satisfacción al ser el héroe y salvador de una persona necesitada. Al "rescatar" a la persona codependiente, proporcionando recursos y apoyo, los habilitadores pueden sentir que están haciendo lo correcto independientemente de cómo afecte a su propia vida. La verdad, sin embargo, es que todo lo que están haciendo es permitir que una persona enferma perpetúe su enfermedad sin obtener la ayuda adecuada y aprender a independizarse.

Sin embargo, no todos los habilitadores son participantes dispuestos en la relación codependiente. Las personas codependientes son buenos manipuladores y pueden llegar a extremos para culpar y persuadir a la gente para que los cuide y se conviertan en su habilitador. Ellos manejan tácticas emocionalmente abusivas como el abuso psicológico con el fin ajustar su control sobre la persona que están tratando de habilitar, lo que con el tiempo puede hacer que ésta realmente crea que la persona codependiente simplemente no puede vivir sin ellos. La codependencia es un comportamiento aprendido, a menudo transmitido a través de familias disfuncionales donde los miembros más jóvenes de la familia observan cómo los mayores se aseguran de que sus necesidades se satisfagan con el fin de mantener sus adicciones o comportamiento negativo, y repiten este patrón ellos mismos.

Romper los hábitos codependientes y ser más independiente no es algo que una persona con esta condición pueda hacer mientras está siendo atendida. El ciclo necesita ser quebrantado por el habilitador o habilitadores en su vida, quienes se abstienen de rescatarlo. Sólo forzando a la persona codependiente a tener que cuidar de sí misma es que la conducta negativa o adictiva puede ser detenida. Sin embargo, esto puede ser difícil, ya que a menudo exponen un argumento convincente con el fin de persuadir a la gente a seguir cuidándolos. Sus facilitadores pronto quedan atrapados, con la retención de la persona codependiente oprimiendo y haciendo más difícil el escape. Las relaciones con las personas codependientes son siempre disfuncionales debido a la naturaleza de su condición; ven a los demás como un medio para un fin, en lugar de tener una perspectiva saludable de las personas que conocen. Esto hace que mantener cualquier tipo de relación con personas codependientes sea increíblemente difícil, lo que resulta en vínculos rotos y relaciones terminadas a lo largo de los años.

## Controladores Obsesivos

Las personas que sienten una necesidad excesiva de tener el control tienden a ahuyentar a los más cercanos a ellos debido a su rígida incapacidad para tolerar la incertidumbre. La naturaleza misma de la vida es incierta; no puedes controlar nada en la vida aparte de la forma de reaccionar a las cosas que te suceden: tu propia actitud y comportamiento. Esto significa que los obsesivos por el control están luchando una batalla perdida, y los efectos secundarios de esto se manifiestan como un comportamiento tóxico mientras tratan desesperadamente de ordenar y controlar todas las cosas en su vida.

Hay una buena razón por la que algunas personas buscan ejercer control sobre las circunstancias de su vida y las personas que conocen. En cierto sentido, el control es libertad; es la libertad de elegir lo que sucede. Queremos controlar nuestras vidas para elegir lo que nos sucede y dirigirnos a un lugar determinado donde creemos que seremos felices. El problema es que la libertad de otras personas tiende a afectar a la nuestra, y aquí es donde entran en juego las batallas de control. Los controladores obsesivos sólo pueden controlar sus vidas en la medida en que pueden controlar a las personas dentro de ella, y por lo tanto están constantemente tratando de dar forma y moldear a los demás para que sean lo que ellos quieren que sean, en lugar de respetar el derecho de las personas a ser independientes y tomar sus propias decisiones.

Las relaciones controladoras pueden ocurrir en cualquier lugar, pero es más común que aparezcan en dinámicas donde la persona controladora tiene un gran control natural sobre otra, como los padres o las parejas románticas, y es, por lo tanto, menos difícil controlar más y más aspectos de la vida de una persona, ya que están estrechamente vinculados. Debido a que las personas tienden a ser naturalmente independientes, el comportamiento de los controladores obsesivos sólo hace que las personas en su vida se alejen más de ellos en un intento de evitar ser atrapados por la forma en que la que el controlador quiere ordenar todo en sus vida. Esto significa que controlar el comportamiento a menudo sólo termina de una manera: con rupturas, amigos que se alejan y niños que dejan el hogar tan pronto como pueden para vivir sus propias vidas en sus propios términos.

Convertirse en una persona menos controladora es llegar no sólo a tolerar, sino a apreciar la incertidumbre y el caos que son los estados naturales de la vida. En lugar de buscar que todo funcione de acuerdo con sus expectativas, la persona controladora debe llegar a entender que todo lo que realmente puede controlar es la forma en que reacciona a la vida, y que la belleza y el gozo en la vida provienen de seguir la corriente en lugar de tratar de nadar contra la misma. Las personas tienen derecho a la autodeterminación, y harán lo que quieran. Tampoco hay manera de evitar que la gente te lastime. Si alguien va a lastimarte o traicionarte, entonces va a suceder, y no hay nada que se pueda hacer para prevenirlo o controlarlo.

## Inseguridad

Todo el mundo se siente inseguro de vez en cuando, pero cuando se convierte en una parte que define nuestra vida cotidiana, la inseguridad puede llegar a ser muy problemática para nuestra propia autoestima y las relaciones que tenemos con otras personas en nuestras vidas, de las cuales dudamos constantemente en opiniones y pensamientos, pero también buscamos su validación y alivio. Aunque la inseguridad puede afectar a todo tipo de relaciones, es más destructiva en las románticas, donde gran parte de nosotros mismos y nuestra propia identidad se adhiere al vínculo que tenemos con otra persona, y las preguntas sobre lo que realmente piensan de nosotros (si somos o no lo suficientemente buenos para ellos, si piensan que somos adecuadamente buenos, si somos lo bastante inteligentes o guapos, si nos aceptan o no) emergen a la superficie en forma de ansiedad y preocupación. Esta necesidad de aprobación de otras personas socava nuestra confianza en nosotros mismos, alejándonos cada vez más de sentirnos felices en nuestros propios cuerpos y mentes y arraigando la necesidad de una validación y aceptación constantes de otras personas para mantener una sensación de autoestima.

Este problema se ha agravado significativamente en la era de las redes sociales, donde podemos subir fotos de nosotros mismos con el fin de recibir comentarios cuantificables sobre lo queridos, admirados o apreciados que somos a los ojos de las personas que conocemos. Todos queremos sentirnos seguros y confiados, y a menudo no lo hacemos. Es la naturaleza de la vida. Cuando este tema se sale de control, sin embargo, puede convertirnos en un agujero negro, absorbiendo el alivio y la validación de los demás en cantidades cada vez mayores, tratando de llenar un vacío dentro de nosotros que nunca puede ser llenado por la aceptación y el amor de nadie más que nosotros mismos. Esto puede ser especialmente problemático cuando se trata de nuestra pareja, ya que la inseguridad que nos hace caer puede apoderarse de ellos y derribarlos con nosotros. Nuestra insaciable sed de su aprobación y tranquilidad puede llevarlos al agotamiento y a sentir que no son suficientemente buenos para nosotros, lo cual, en cierto sentido, es correcto. Nadie puede ser suficiente para una persona insegura. Ninguna cantidad de aprobación y validación externas llenará el vacío que sienten en el interior. Sólo su propio amor, aprobación y aceptación podrán sanar ésta herida.

Superar la inseguridad, en primer lugar, requiere una comprensión de por qué nos sentimos inseguros. Está bien ser inseguro, pero tenemos que averiguar de dónde viene para arreglarlo. La autoconciencia y la duda que sentimos hacia nosotros mismos cuando somos inseguros, en última instancia, provienen de enfocarnos en cómo se sienten las personas por nosotros y cómo nos sentimos acerca de nosotros mismos. Estamos totalmente absorbidos y ligados con nuestra persona; con la forma en la que somos percibidos por los demás y por nosotros mismos. Esto nos causa mucha ansiedad porque estamos constantemente preocupados por cómo nos ven otras personas y lo que piensan de nosotros. En realidad, no importa lo que nadie piense de ti. Lo que es importante es cómo te sientes acerca de ti mismo.

Aunque pueda parecer contradictorio, sentirse más cómodo con nosotros mismos requiere salir de nuestro propio camino y darnos cuenta de que es irrelevante cómo nos sentimos acerca de nosotros mismos o cómo otras personas nos perciben. En cambio, podemos centrarnos en cómo los demás se perciben a sí mismos para distraernos de dudar constantemente de nosotros y dejar de preocuparnos por cómo nos ven. Podemos usar la "metacognición" o pensar sobre el pensamiento, para aprender cómo nuestras mentes procesan nuestra relación con nosotros mismos. Entonces podremos notar que tenemos un nivel mucho más alto de elección y control sobre cómo nos sentimos acerca de nuestra persona del que habríamos pensado anteriormente. Nos volvemos más confiados en nosotros mismos y a gusto en nuestro propio ser cuando nos damos cuenta de que somos lo suficientemente buenos, que siempre hemos sido lo suficientemente buenos porque somos quienes somos y eso está bien, no importa quién seamos.

**Consejo rápido**: Tenemos que aceptar todas las cosas que nos hacen únicos, las buenas y malas. Tenemos que aceptar nuestros defectos y darnos cuenta de que todos los demás son tan defectuosos y tan capaces de ser viles como nosotros. Es sólo cuando comprendemos que todos se sienten inseguros y dudan a veces, que nos damos cuenta de que tenemos que amar y aceptarnos ante todo. Podemos expresar gratitud por nuestra vida y la oportunidad que tenemos al enfocarnos en cómo se sienten los demás acerca de sí mismos, en lugar de cómo se sienten acerca de nosotros o cómo nos sentimos por nosotros mismos.

## Arreglar una Relación Arruinada

Las relaciones románticas son increíblemente confusas y complicadas. Navegar por ellas es una de las cosas más difíciles que tenemos que hacer en nuestras vidas. Con el fin de sanar las grietas y arreglar una relación, el primer paso es averiguar qué es exactamente lo que está mal. Al igual que llevar un coche al mecánico o ir al médico, tienes que hacer un diagnóstico antes de poder comenzar a tomar medidas para abordar y resolver el problema. Aquí es donde la mayoría de las parejas se meten en problemas cuando tratan de solucionar problemas en su relación; no pueden averiguar dónde se encuentra el verdadero problema porque se estancan en culparse entre sí y preocuparse por quién está bien o mal. En realidad, nadie tiene razón y nadie está equivocado. Cuando hay problemas en una relación, la culpa siempre se comparte. Averiguar quién tiene razón y quién está equivocado no es importante; hacer un diagnóstico sí lo es.

Para arreglar una relación, primero debes dar un paso atrás y darte cuenta de que los dos son un equipo. La mentalidad que necesitan tener como pareja para superar los obstáculos es que son ustedes dos frente al problema. Tratar de averiguar quién está bien y quién está equivocado y echarse la culpa el uno al otro sólo los separa y aleja aún más, cuando lo que realmente necesitan hacer unirse y usar el trabajo en equipo y el apoyo mutuo para resolver los problemas y confrontarlos como uno. Tienen que dejar su ego a un lado y aceptar la idea de trabajar juntos para salir a flote en lugar de intentar sumergir el uno al otro para evitar ahogarse. Si toman este último enfoque, la relación se hundirá. Tienen derecho a sentirse como deseen, pero si realmente quieren que las cosas funcionen, deben comprometerse a ser un equipo.

La comunicación es clave. Comprométanse al viaje de vivir juntos, a seguir aprendiendo unos de otros y empujando las profundidades de su comprensión cada vez más lejos. Hablen entre ustedes, sean abiertos y honestos, y dense el tiempo y el espacio para escucharse realmente. Si quieren hacer que las cosas funcionen, entonces el amor no se ha perdido. A veces se necesita una forma diferente de ver las cosas para redescubrir todas las cosas increíbles que han llegado a dar por sentado el uno del otro. La vida es corta, así que traten de no tomar las cosas demasiado en serio. Traten de aligerarse, disfrutar de la compañía del otro y divertirse un poco. Sean amables el uno con el otro, y recuerden que pase lo que pase, estás juntos.

# Capítulo Siete:
Finalizando Relaciones

Parte de ser un buen comunicador y entender las relaciones implica saber cómo llevarlas a su fin de una manera positiva cuando llega el momento. En esta sección, veremos cómo hacer exactamente eso.

## Terminar con alguien de la Forma Adecuada

La realidad de la vida es que muchas relaciones tienen que llegar a su fin tarde o temprano. No todos podemos estar con la primera persona con la que salimos para siempre. La comunicación es tan esencial para poner fin a las relaciones como lo es para mantenerlas. La forma en que rompemos con nuestras parejas determina directamente la cantidad de sufrimiento y dolor que sentirán. Cuando manejamos las cosas de manera madura y respetuosa a través del buen uso de las habilidades de comunicación, podemos mantener la agonía al mínimo que nuestra pareja siente al terminar con ella.

- **Asegúrate de estar seguro**: Una vez que juegues la carta de la ruptura, no podrás echarte atrás. Terminar está ahora sobre la mesa, e incluso si decides que has cometido un error y después de todo quieres permanecer juntos, no funcionará. A la primera pelea o desacuerdo que tengan después, surgirá todo de vuelta. Si no estás seguro de lo que quieres hacer, entonces espera y no hagas nada hasta que estés totalmente seguro de cómo te sientes. No puedes permitirte tomar decisiones precipitadas con tanto en juego.
- **Una vez que hayas tomado una decisión, termina las cosas rápidamente**: Cuando sepas lo que

quieres y necesitas hacer, hazlo lo antes posible. Tienes que hacer una ruptura brutal. La vida es desesperadamente corta, así que tienes que hacer lo correcto para los dos. No es justo para ti o ellos continuar si no estás contento con la forma en que son las cosas. Si tienes planes hechos como una reserva de vacaciones o un cumpleaños para el que has comprado un regalo, tendrás que ser valiente. Esas cosas no importan a largo plazo, y te sentirás muy extraño todo el tiempo si sabes que estás alargando el tiempo hasta que termines con tu pareja. Nunca hay un momento perfecto para terminar, así que hazlo rápido.

- **No seas injusto**: Los amantes torpes a veces no tienen la voluntad de ser el malo para poner fin a una relación en la que ya no quieren estar, por lo que hacen algo para obligar a su pareja a hacerlo, como empezar a beber o ser infiel. No seas injusto, y no hagas las cosas más difíciles o más dolorosas de lo que tienen que ser.

- **Hazlo en persona**: Le debes a tu pareja lo suficiente para terminar la relación frente a frente. Ahórrales el dolor extra y la humillación de ser terminados a través del teléfono o mensajes de texto.

- **Cuéntales los hechos, sé específico**: No hay necesidad de ser desagradable al exponer cada pequeño defecto y detalle minúsculo que nunca te ha gustado acerca de tu pareja. Lo que tienes que hacer es explicar tan claramente como puedas las razones de por qué estás terminando con ellos, siendo específico y apegándote a la información elemental. Explica cómo no son los indicados el uno para el otro y admite los errores y dificultades que has aportado a la relación para ayudarlos a ver que lo mejor para ambos es tomar caminos separados.

- **Sé valiente**: Probablemente serás odiado por tu pareja y posiblemente sus amigos y familiares por un tiempo después de terminar, así que sé valiente y resiste. Estás haciendo lo correcto si ya no quieres estar con ellos, así que no te preocupes por justificarlo con nadie que no seas tú mismo.

- **Ponte en su lugar**: Sé tan maduro emocionalmente como puedas y maneja las cosas con tacto. Tu pareja va a experimentar una gran cantidad de dolor y tristeza. Van a sentir el dolor de perder a alguien que les gustaba y amaban. A menudo sólo pensamos en nosotros mismos y en cómo vamos a tomar este tipo de situaciones, pero es importante que nos pongamos en su lugar y pensemos en cómo se van a sentir y cuál es la mejor manera de hacer las cosas antes de apretar el gatillo.

- **Prepárate emocionalmente**: Cuanto más tiempo pases con alguien, tu vida se verá extraña y rara en retrospectiva después de terminar con ellos. Verás que ya no estás seguro de cómo sentirte sobre todos los recuerdos y memorias que tienes de la relación, pero debes tener en cuenta que el hecho de que las cosas no funcionaron a largo plazo, no significa que el tiempo que pasaste con ellos fue desperdiciado. Alégrate de que hayas tenido la oportunidad de crear esos recuerdos y tener esas experiencias. Independientemente de si te sientes aliviado o no cuando hayas terminado las cosas, te sentirás horrible después. Las relaciones son un hábito, por lo que sentirás un elemento de abstinencia una vez que haya terminado. También perderás mucho apoyo emocional, lo que puede ser difícil de procesar. Tómate el tiempo para prepararte y pasa el rato con tus amigos y familiares para ayudarte a superarlo.

- **Sé comprometido**: Una vez que hayan terminado, no mantengas contacto. Déjalos sanar a ellos y a ti distanciándote. No te desanimes por tu decisión. Terminar es bastante difícil, así que le debes a la persona con la que has estado por mucho tiempo tratar de darles la noticia de una manera que sea respetuosa pero firme y sin darles esperanzas de un futuro entre ustedes dos si no existe.

## Permanecer como Amigos

Si puedes o no mantener amistad con tu ex después de que terminen dependerá del contexto de su relación y la forma de su ruptura. Si terminaste las cosas en buenos términos, con comprensión y respeto mutuos, las probabilidades de tener una amistad positiva son mejores que si terminan con hostilidad. Sin embargo, permanecer como amigos después de una ruptura es difícil, ya que la relación ha cambiado para siempre. Es muy difícil, sino es que imposible ser amigos allegados, pues es raro pasar de ser tan cercanos e íntimos a estar un escalón abajo. Es posible que comiences a sentir cosas que no quieres sentir por ellos. Estar en términos amistosos pero más distantes es mucho más pragmático. Depende en gran medida de lo dispuestos que estén ambos a mantenerse en contacto y en qué medida quieren seguir siendo parte de la vida del otro. Tal vez funcione o tal vez no. Todo lo que puedes hacer es esperar y ver qué pasa.

Si la ruptura fue un divorcio o tienen hijos juntos, las cosas pueden ser más complicadas. Es posible que tengas que permanecer en términos amistosos por el bien de los hijos, o con el fin de atravesar el proceso de divorcio con la mínima cantidad de molestia posible. Al final del día, no puedes controlar cómo se sienten o lo que quieren hacer, así que todo lo que puedes hacer es ver por ti y disfrutar de una vida rica y plena por tu cuenta. De esa manera, estás en posición de tener esa relación con ellos si resulta ser una opción, pero si no, tampoco es el fin del mundo. Es importante ser financieramente independiente y completamente autosuficiente si tienes hijos para no depender de la manutención y lo que recibas sea un extra, en lugar de simplemente ser lo que se espera. Pase lo que pase, sigue adelante con la cabeza en alto y sabiendo que sin importar qué, la vida es lo que construyes. Las parejas van y vienen, y aunque al principio las extrañaras, si no están contigo, es por una razón.

# Últimas Palabras

La comunicación es una de esas habilidades que todo el mundo posee, pero pocos saben cómo usar realmente. No mucha gente siquiera entiende el verdadero potencial que tiene la comunicación para cambiar vidas y revolucionar la forma como te sientes sobre ti mismo y los demás. Es la clave para vivir de una manera exitosa y satisfactoria, y con este libro, has adquirido el conocimiento y las herramientas para implementarla adecuadamente en todas las áreas y aspectos de tu vida. Has aprendido sobre las diferencias entre hombres y mujeres en términos de cómo se entiende y procesa la comunicación, y cómo tener en cuenta estas diferencias cuando te comunicas. Has aprendido cómo implementar la comunicación positiva, cómo leer el lenguaje corporal para entender correctamente el mensaje que alguien está emitiendo, y cómo darle una gran primera impresión a alguien a través del enfoque de tu comunicación con ellos.

Hemos repasado cómo comunicarse y gestionar las relaciones en el trabajo, así como cómo manejar los conflictos, tratar con personas difíciles, negativas y tóxicas, y cómo saber cuándo es el momento de sacar a estas personas de tu vida. Como animales sociales, poder hablar entre nosotros e interactuar es el éter principal a través del cual construimos nuestras vidas. La comunicación constituye la base de nuestras sociedades y de nuestras vidas individuales, y las personas con las que compartimos nuestras experiencias son los verdaderos determinadores del tipo de experiencia que tenemos en este mundo. Por lo tanto, ser capaz de mantener relaciones sanas y equilibradas con las personas que conocemos es esencial para ser una persona feliz y completa, rodeada de gente que nos mejora e inspira y a su vez animamos y apoyamos tanto como podemos. Las relaciones son experiencias mutuas, compartidas; y mejorarlas ayudará a mejorar la vida de ambos como nunca antes habías podido imaginar.

Espero que este libro haya sido capaz de entrenarte a través de un enfoque más proactivo y comprensivo de las relaciones más importantes en tu vida. Espero que te haya permitido comprender mejor la importancia de la confianza, la honestidad y el respeto en la formación y el mantenimiento de relaciones con las personas en tu vida, así como permitirte obtener una visión más clara de esos rasgos y comportamientos que pueden llevar a las relaciones a un final precipitado y brutal. Aprender todas estas cosas no solo te ayudará a ser un mejor comunicador y maestro de relaciones, sino también a ser una persona más feliz, más segura de sí misma y profundamente satisfecha.

Este libro te ha mostrado cómo incorporar un enfoque más reflexivo y calculado de la comunicación en cada área de tu vida y te permitirá formar y mantener lazos duraderos con las grandes personas que conoces, así como sostener y nutrir las relaciones que tienes con la gente que amas. La vida es un campo minado, así que con este libro, he hecho todo lo posible para comunicar la importancia y la gravedad de practicar la paciencia y comprensión a la hora de comunicarme con las personas en tu vida. Todos enfrentan sus propias batallas internas, por lo que tener la capacidad de dar un paso atrás y ser imparcial con el fin de ofrecer una respuesta mesurada y reflexiva te coloca en el percentil superior de los comunicadores en el planeta. Con las habilidades que has aprendido aquí, ahora estás listo para salir y revolucionar el enfoque que tomas para comunicarte con las personas que conoces de una manera más positiva y beneficiosa. Podrás abordar y manejar las relaciones sin importar el contexto y averiguar cómo superar situaciones difíciles. Podrás cambiar tu relación con tu pareja, amigos y familia para mejor, y entender más fácilmente por qué las personas en tu vida hacen y dicen las cosas. Esta habilidad puede ser increíblemente útil en el fatigante viaje a través de relaciones complejas y circunstancias difíciles que todos enfrentamos. Te proporcionará claridad e indicará el curso de acción correcto donde antes hubieras quedado perplejo. Abraza tu vida y a las personas en ella, y recuerda que la felicidad siempre es mejor cuando se comparte.

La vida es corta, así que al final del día, todo lo que puedes hacer es dar lo mejor de ti y rodearte de buena gente. Cuando esto no es posible, este libro te ha mostrado la manera de manejar el cierre de las relaciones que han alcanzado el final del trayecto, y permitirte avanzar hacia un futuro más brillante y positivo con las personas de tu vida que te mejoran y te apoyan, en lugar de con personas negativas y tóxicas que están en un camino descendente y sólo se preocupan por arrastrarte con ellas. Suelta a esas personas cuando puedas (tu vida solo puede mejorar sin ellas) y recuerda que las personas con las que pasas más tiempo te moldean y definen. Pasa tiempo con las personas adecuadas, con personas positivas y alentadoras, y deja que aquellos que empeorarán tu vida se alejen.

Espero que hayas disfrutado leyendo tanto como yo disfrute escribiendo, y que las lecciones que te ha enseñado sean tan beneficiosas y esenciales para cambiar tu vida para mejor como lo han sido para la mía. Recuerda que tu vida está en tus manos y las relaciones que tienes están completamente bajo tu control. Todo lo que se necesita es el deseo de moldear tu vida para mejor y el conocimiento de cómo hacerlo que este libro te ha proporcionado. Sé amable, sé valiente y recuerda ser paciente y comprensivo tanto como puedas. La comunicación es tanto entender realmente el trasfondo en torno a cómo funcionan las mentes de las personas y el racionamiento de sus acciones, así como la esencia pura de transmitir un mensaje. Si puedes darle a la gente el tiempo y el espacio que necesitan, podrán decirte lo que quieren que sepas en su propio tiempo. ¡Buena suerte!

www.ingramcontent.com/pod-product-compliance
Lightning Source LLC
LaVergne TN
LVHW091407190726
843491LV00006B/1313

* 9 7 8 3 9 9 1 0 4 0 0 8 8 *